Ferdinand Frensdorff, Matthias Lexer

Die Chroniken der schwäbischen Städte

Ferdinand Frensdorff, Matthias Lexer

Die Chroniken der schwäbischen Städte

ISBN/EAN: 9783744611657

Hergestellt in Europa, USA, Kanada, Australien, Japan

Cover: Foto ©ninafisch / pixelio.de

Weitere Bücher finden Sie auf **www.hansebooks.com**

Die Chroniken

der deutschen Städte

vom 14. bis 16. Jahrhundert.

Neunundzwanzigster Band.

Auf Veranlassung
Seiner Majestät des Königs von Bayern
herausgegeben
durch die historische Commission
bei der
Königlichen Akademie der Wissenschaften.

Leipzig
Verlag von S. Hirzel
1906.

Die Chroniken

der schwäbischen Städte.

Augsburg.

Sechster Band.

Auf Veranlassung
Seiner Majestät des Königs von Bayern
herausgegeben
durch die historische Commission
bei der
Königlichen Akademie der Wissenschaften.

Leipzig
Verlag von S. Hirzel
1906.

Vorwort.

Der achtundzwanzigste Band der Chroniken der deutschen Städte war der letzte, der Hegel im Entwurf zur Begutachtung vorgelegen und seine Billigung erfahren hat. Der Herausgeber des Bandes, Karl Koppmann, dessen Hinscheiden wir jetzt ebenfalls schmerzlich beklagen, weihte ihn dem Andenken des Begründers und langjährigen Leiters des Unternehmens.

Jener Band erschien Ende des Jahres 1902. Im folgenden Jahre wählte mich die Plenarversammlung der historischen Kommission zu ihrem Mitglied und ersuchte mich um ein Gutachten über die Frage der Fortführung der Edition der Städtechroniken. Den darauf in meinem Bericht vom 26. März 1904 dargelegten Grundsätzen trat die nächste Plenarversammlung im wesentlichen bei[1] und bestellte mich zum Nachfolger Hegels in der Leitung des Unternehmens.

Die historische Kommission vertritt die Anschauung, daß die Edition der Städtechroniken, nachdem einige Ergänzungen durchgeführt sein werden, als abgeschlossen gelten kann. Mehrere Gruppen von Aufzeichnungen, die Hegel von Haus aus für unsere Sammlung bestimmt hatte, sind andern wissenschaftlichen Vereinigungen zur Veröffentlichung überlassen worden[2]. Aufnahme werden hauptsächlich noch Chroniken aus Norddeutschland finden.

1. S. die Beschlüsse der Kommission in dem Bericht des Sekretariats über die 45. Plenarversammlung.

2. Insbesondere ist das von Mitarbeitern der Kommission gesammelte, zum Teil auch schon bearbeitete Material für einen 6. Band fränkischer Chroniken (Bamberger Aufzeichnungen des 15. Jahrhunderts sowie Berichte über das Vorgehen des Markgrafen Albrecht gegen die Städte Kulmbach, Bayreuth, Bamberg und Hof aus den Jahren 1552—53 ꝛc.) der neugegründeten Gesellschaft für fränkische Geschichte überwiesen worden. Vgl. den Bericht des Sekretariats über die 46. Plenarversammlung der Kommission.

Zu denjenigen Gruppen von Chroniken, die bereits Hegel als abgeschlossen bezeichnet hatte, gehören die Augsburger: „mit dem 5. Bande der Augsburger Chroniken" — heißt es im Vorwort zum 25. Bande unserer Sammlung — „ist die Ausgabe von diesen aus dem Mittelalter und dem Anfang der Neuzeit vollendet". Wider Erwarten hat jedoch diese Abteilung neuerdings eine Bereicherung erfahren, durch die Auffindung [1] der Chronik des Malers Preu, die in dem vorliegenden Bändchen zur Veröffentlichung gelangt. Obwohl sie in formeller Beziehung nicht hoch zu stellen ist, so bildet sie doch eine wahrhafte Ergänzung zu dem bisher bekannten Augsburger Material, insofern sie dem katholischen Bericht des Klemens Sender über die Reformation einen protestantischen an die Seite stellt. Aber auch darüber hinaus verdient sie um des Verfassers willen und wegen der Stimmungen und Zustände in der Bürgerschaft, die sie schildert, Beachtung.

Herr Prof. Dr. F. Roth, der bewährte Editor der letzten Bände der Augsburger Chroniken, hat auch die Bearbeitung der Preu'schen Aufzeichnungen übernommen und mit der an ihm bekannten Sachkenntnis durchgeführt. Von ihm rühren nicht bloß das Personen- und das Ortsregister, sondern zugleich das Glossar her.

Der vorliegende Band hat einen erheblich geringeren Umfang als die früheren. Es schien zweckmäßig, die Chronik Preus für sich zu publizieren, statt sie mit einer Chronik aus einer andern Stadt zu vereinigen.

Freiburg i. B. d. 24. Nov. 1905.

G. v. Below.

Ich gestatte mir, hiermit allen Förderern dieser Edition der Preu'schen Chronik meinen besten Dank zu sagen, insbesondere Herrn Dr. G. Leidinger, Sekretär an der k. Hof- und Staatsbibliothek in München, der mich auf die Handschrift aufmerksam machte, und Herrn Geheimen Hofrat Dr. G. v. Below, der mir die Herausgabe übertrug.

München, 26. November 1905.

Friedr. Roth.

---

1. Das Nähere s. unten S. 14.

Inhaltsverzeichnis.

***

***

X.

Die Chronik des Augsburger Malers Georg Preu des Älteren.

1512—1537.

Einleitung.

Der Maler Georg Preu [1] wurde erft in neuerer Zeit eine für die Kunftgeschichte greifbare Perfönlichkeit, und die Forschungen über die ihm zuzu-
weisenden Werke sind auch jetzt noch durchaus nicht zu endgültigen Ergeb-
niffen gelangt [2]. Unfere Kenntnis seiner äußeren Lebensverhältniffe ift
ziemlich dürftig und wird es wohl auch bleiben.

Er wurde um das Jahr 1480 geboren als der Sohn eines kleinen
Tuchscherers und Webers Georg Preu und deffen Frau Barbara [3]. Der
Vater ftarb in der Zeit zwischen dem Herbfte 1501 und 1502, worauf sich
unfer Georg, der wohl bis dahin in der Fremde gewesen war, selbftändig
machte, indem er sich in die Augsburger Malerzunft einkaufte und seinen
Bruder Claus zu sich in die Werkftatt nahm [4]. Weitere Lehrlinge ftellte er
bei sich ein in den Jahren 1503, 1505, 1507, 1514, 1516 und 1520 [5],
was darauf hindeutet, daß sein Geschäft gut ging, denn nur bei den am

1. Sein Name wird in den verschie-
benften Formen geschrieben: Prew, Brew,
Bruw, Bruwe, Brul ufw. Auf dem einzigen Autogramm von ihm, das uns zu
Geficht gekommen, unterzeichnet er sich
mit Prew (Preu), weshalb wir uns diese
Schreibweise angeeignet haben. Sein
Künftlermonogramm ift ein kleines b,
deffen oberer Schaft durch ein I gekreuzt
wird: ƀ.

2. S. besonders Rosenberg in der
Zeitschrift für bildende Kunft, X, Beibl.
S. 388; A. H. Schmid, ebenda N. F. V
(Jahrgang 1894) S. 21; R. Stiaßny
in der Zeitschrift für chriftliche Kunft, VI
S. 289, VII S. 101; Dörnhöffer,
Ein Zyklus von Federzeichnungen mit
Darftellungen von Kriegen und Jagden
Maximilians I. im Jahrbuch der kunft-

hiftorischen Sammlungen des aller-
höchften Kaiserhauses, XVIII S. 1.

3. Aus den Steuerbüchern im Augsburger Stadtarchiv. — In ihnen wird
feit den siebziger Jahren des XV. Jhdts.
ein Tuchscherer und Weber Georg Preu
aufgeführt, der im Jahre 1501 oder 1502
ftarb und eine Witwe Namens Barbara
mit dem Steuersatz von 30 dn 10 dn
hinterließ. Sie ift offenbar identisch mit
jener Barbara, die später bei unferm Preu
wohnte und als deffen Mutter bezeichnet
wird.

4. Nach dem Augsburger Malerbuch,
gedruckt bei R. Vischer, Studien zur
Kunftgeschichte (Stuttgart 1886) S. 542,
543.

5. Ebenda S. 542, 543; 544, 555;
546, 547; 550, 551; 552, 553; 556, 557.

1*

meisten Beschäftigten seiner Zunftgenossen, bei einem Burgkmair und Gil-
tinger, finden wir eine ähnlich große Zahl von Lehrknaben.

Ob sich Preu längere Zeit in Italien aufgehalten, wie verschiedene
seiner Kunstwerke annehmen lassen, ist nicht zu erweisen; auch die Steuer-
bücher geben keinen Anhalt hiefür; doch ist wohl als sicher anzunehmen,
daß er dann und wann mit einem der Kaufmannszüge, die von Augsburg
zahlreicher als von irgend einer andern Stadt Deutschlands nach Venedig
abgingen, in die Lagunenstadt hinabgezogen, um sein Auge an dem Anblick
des Meeres, an dem bunten Getriebe in und an dem Hafen, an den Pa-
lästen und Kirchen, an den Werken der welschen Maler zu erfreuen und
mit einem und dem andern der letzteren in persönlichen Verkehr zu treten.
Auch an den Rhein hin führten ihn seine Wege, denn wir hören, daß er
sich im Jahre 1522 von Baden aus, wo er vielleicht mit einer künstlerischen
Arbeit beschäftigt war, nach Straßburg begab, um die dortigen Festungs-
werke 'abzureißen und zu entwerfen'[1].

Die Stadtgegenden, in denen Preu in Augsburg wohnte, sind (nach
den Steuerbüchern) von 1502—1507 die 'Horbruck', von 1508—1509
'Vom Weberhaus', von 1510 an bis an seinen Tod die 'Krottenau', wo
auch die väterliche Wohnung gewesen war und das Zunfthaus der Maler
stand. Im Jahre 1502 wird in den Steuerbüchern der Name unseres Preu
zum ersten Male genannt, doch bezahlte er noch nichts. 1503 steuerte er
den geringsten Betrag, der überhaupt erhoben wurde, nämlich 30 dn, 1504
60 dn 33 kr 2 dn, 1505 45 dn 25 kr 1 dn und das Gleiche in den nächsten Jahren. 1509 sank seine Steuer auf 30 dn 16 kr 3 dn und stieg im
nächsten Jahre plötzlich auf 30 dn 4 fl. Es muß also im Jahre 1510
eine ausgiebige Verbesserung in Preus Verhältnissen eingetreten sein, vielleicht infolge einer Heirat[2] oder, woran allem nach wohl weniger zu denken
sein wird, einer Erbschaft.

Preu erwarb nun in der Krottenau ein eigenes Haus. Im Jahre
1516 bezahlte er 30 dn 5 fl, bei welcher Quote es, abgesehen von Minde-
rungen und Steigerungen um wenige Kreuzer, bis zum Jahre 1534 ver-
blieb. Von diesem Jahre an bezahlte er nur mehr 30 dn 4 fl 6 dn, zum

1. Die Baurechnung (Stadtrechnung)
des Jahres 1522 Bl. 50ᵇ enthält folgenden Eintrag: 'Jt. 4 gulden Jorigen
Brewen, maler, für ain bererung umb
das er von Baden auß gen Straßburg
gezogen und die basteyen daselbs abge-
rissen und entworfen hat.' S. p. felici-
tatem (29. Nov.).
2. In einem Eintrag im 'Stadt-
gerichtsbuch' des Jahres 1510 ist von
einem Prozeß die Rede, den Preu gegen
seinen Schwager Rößlin führte; näheres
ist daraus leider nicht zu ersehen.

letzten Male 1536; im darauffolgenden Jahre ist er, wie wir unten nach-
weisen werden, gestorben.

In den Nachträgen zur sog. Literaliensammlung des Augsburger
Stadtarchives von 1520 findet sich ein Zettel, aus dem zu ersehen ist, daß
Preu 'Hauptmann über zehn Häuser' war, als welcher er außer anderem
auch von Zeit zu Zeit Nachschau zu halten hatte, ob jeder der ihm „unter-
gebenen" Bürger und Inwohner mit einem Harnisch versehen sei. Er er-
stattet dem Rate über letzteres Meldung, führt sich selbst als Besitzer von
drei Harnischen auf und unterschreibt sich als 'Jörg Prew, maller und
unberhauptman'.

Nach seinem Umzug in die 'Krottenau' wohnte seine Mutter bei ihm,
die 1527 in den Steuerbüchern zum letzten Male vorkommt. Sein Haus
war nur klein, denn es wurde außer ihm nur noch von einer Partei be-
wohnt; doch muß es ziemlich gut ausgestattet gewesen sein, da wir als Ein-
mieter mehrere durch Vermögen und Stellung hervorragende Persönlichkeiten finden, so den bekannten Stadtarzt Dr. Gereon Sailer und die
Syndici Balthasar Lagnauer und Caspar Trabel.

Vom Jahre 1531 an wird als Mieter ein vermöglicher, in verschiedenen Sätteln gerechter junger Mann genannt, Hans Tirol [1], der Preu's
Schwiegersohn wurde [2], im Jahre 1537 in die Dienste des Rates trat [3] und
1541 zum städtischen 'Bauvogt' vorrückte. Er war auch der erste, der in
Augsburg die großen beim 'süßen Trunk' des Rates gebrauchten Lebzelten
buk, die man bis dahin von Nürnberg bezogen hatte [4].

Ein anderer Hausgenosse Preu's war sein Sohn Georg, der in der
Kunstgeschichte als 'Georg Preu der Jüngere' unterschieden wird. Er war
von seinem Vater zum Maler ausgebildet worden [5] und blieb zunächst,
auch nachdem er sich selbständig gemacht (1533) [6] und das Meisterrecht erworben (1. Mai 1534) [7], in dessen Wohnung und Geschäft. Von 1536
bis 1540 scheint er aber großenteils außerhalb der Stadt gearbeitet zu
haben [8], denn er ist während dieser Zeit in den Steuerbüchern nicht ver-

---

1. S. über ihn hauptsächlich Essenwein, Hans Tirols Holzschnitt: Belehnung König Ferdinands, (Frankfurt
1887), Einleitung.
2. S. unten S. 68, 8. Seine Frau
hieß Anna; Anna Preuin wird in den
städtischen Büchern öfter als Gattin
Tirols genannt.
3. S. unten S. 75, 5.
4. S. unten S. 68, 8.
5. Wohl seit dem Anfang der zwan-
ziger Jahre; daraus erklärt sich auch, wie

Dörnhöffer bemerkt, der Umstand, daß
der alte Preu nach 1520 keinen Lehrknaben mehr aufnahm; als einen solchen
hatte er eben seinen Sohn bei sich.
6. In diesem Jahre erscheint er zum
ersten Male in den Steuerbüchern.
7. Bischer, l. c. S. 522, 523.
8. Zeitweilig wenigstens wirkte er
sicher in der Stadt; so 1538, in welchem
Jahre er die alten von Kaltenhofer her-
rührenden Deckengemälde in der 'Stube'
des Weberhauses restaurierte (Stetten,

**Äußere
Lebensum-
 stände**

anschlagt und mußte 1540 drei Steuern nachbezahlen. Der ganz geringe Betrag, den er hiefür und für die laufende Steuer entrichtete, — im ganzen 31 kr 2 h — läßt auf große Armut schließen, und er ist auch in den wenigen Jahren, die ihm noch zu leben vergönnt waren, auf keinen grünen Zweig gekommen[1]. Er starb in dem für Augsburg so verhängnisvollen Jahre 1547.

**Bestimmende
Zeitumstände**

Die Lebenszeit des älteren Preu fällt in zwei sich scharf von einander abhebende Perioden der Geschichte Augsburgs: in die maximilianeische und in die der Reformation[2], beide durchzogen von einem gewaltigen Strom reichsten und buntesten Lebens, wie wir es kaum in einer andern Stadt des Reiches finden. Ein vierzehnjähriger Jüngling kam Maximilian auf Georgi 1473 zum ersten Male mit seinem Vater Kaiser Friedrich III. in die Stadt, ein Jahr darauf zum zweiten Male, und von 1489 an[3], in welchem Jahre er nach seiner Befreiung aus der Gefangenschaft zu Brügge von den Augsburgern mit ganz besondern Ehren und Aufmerksamkeiten empfangen wurde, nahm er unter ihnen fast alljährlich längeren oder kürzeren Aufenthalt. Hier in Augsburg hielt er glänzende Reichstage 1500, 1510 und 1518, und auch sonst wurde von ihm hier manch wichtiger, folgenreicher politischer Akt vollzogen. Hier ruhte er am liebsten aus von den Mühen und Gefahren seiner Feldzüge und Schlachten, von hier aus schweifte er, so oft er konnte, in die wildreichen Waldgebiete, die den Westen

Kunst-Gewerb- und Handwerksgeschichte der Reichsstadt Augsburg, I, 1779, S. 271) und 1539, da er in diesem Jahre am 28. Dez. der Zunft einen Lehrknaben vorstellte.
　1. Seine Steuer betrug 1541 30 dn, 6 dn; 1542 und 1543 ist er nicht veranschlagt; 1544 bezahlte er für drei Steuern (die zwei vorhergehenden und die laufende) 90 dn 90 cr 18 dn; 1545 (in welchem Jahre, wie auch für 1546 und 1547, eine Doppelsteuer zu entrichten war) 60 dn, 60 cr 6 dn, 1546 60 dn 6 dn, 1547 60 dn 6 dn. Lehrknaben nahm er noch auf 1540 (Vischer S. 560, 561) und 1543 (l. c. S. 562, 563). Die Baurechnung des Jahres 1546 enthält unter dem 10. April auf Bl. 49b den Eintrag: 15 fl 49 kr dem G. Prewen, maler, uff vor bei den alten herren baumaistern empfangen fl 6 für visirungen, so er dem welschen maurer gemacht hat'. — Im Jahre 1547 starb er (Vischer, l. c. S. 567). — Einer der Gründe, weswegen Preu wie auch an-

dere gleichzeitige Augsburger Maler zu keinen gedeihlichen äußeren Verhältnissen kommen konnte und vielfach auswärts Arbeit suchen mußte, lag darin, daß in Augsburg unter dem Einfluß der zwinglischen Prediger die Bilder seit 1534 'abgetan' worden waren, was natürlich für die Maler äußerst nachteilig war.
　2. S. zu der ersteren etwa Geiger, Renaissance und Humanismus in Italien und Deutschland (Berlin 1882) S. 369ff.; Herberger, K. Peutinger in seinem Verhältnis zu Kaiser Maximilian I. (Augsburg 1851), Woltmann, H. Holbein und seine Zeit 2. Aufl. (2 Bände, Leipzig 1872—74); zu der letzteren Roth, Augsburgs Reformationsgeschichte, Bd. I, 2. Aufl., München 1901, Bd. II München 1904.
　3. S. hiezu L. Brunner, Kaiser Maximilian I. und die Reichsstadt Augsburg, Programm der k. kath. Studien-Anstalt St. Stephan in Augsburg (Augsburg 1877).

der Stadt befäumen. Er erwarb in Augsburg Hausbefiß und hatte in der Stadtmauer seinen eigenen Einlaß. Gern weilte er im Kreise der Geschlechter, deren Tänze und sonstige Festlichkeiten er durch seine Gegenwart und Beteiligung verherrlichte. Er hielt gute Freundschaft mit den Mönchen, insbesondere mit denen von St. Ulrich, bei denen er öfter Tischgenosse war, und verkehrte leutselig mit den Bürgern und dem 'gemeinen Mann'. Immer gab es, wenn er in der Stadt weilte, Neues, Herrliches zu schauen: prunkvolle Aufzüge ohnegleichen, Turniere und kleine Stechen auf dem Fronhof, bei denen man die Kraft und Gewandtheit des Kaisers bewundern konnte, pomphafte Kirchenfeste und Umzüge, an denen der König 'mit seiner Canterei, seinem Trometen- und Saitenspiel' und einem in sinnverwirrender Pracht einherschreitenden Gefolge teilnahm. Häufig ließ er auch in Augsburg seine Werbungen vornehmen und 'umschlagen', dann füllten sich beim Schall der Trommel die Straßen und Plätze mit den abenteuerlichen Gestalten der Landsknechte, die von den Schlachtfeldern der Niederlande, Italiens und des weiten Reiches zusammenströmten. Was für ein Fest für das Auge eines Malers! Hier in Augsburg lebten aber auch Männer der Wissenschaft und der Kunst, die der Kaiser zur Durchführung seiner literarischen und künstlerischen Pläne heranziehen konnte, Männer, von denen vor allen der gelehrte, geschichtskundige und kunstsinnige Stadtschreiber Dr. Konrad Peutinger und der die Renaissance in Augsburg begründende Maler Hans Burgkmair zu nennen sind; und auch unser Preu gehörte zu diesem Kreise.

Als Maximilian, nachdem er einige Monate vorher voll von Todesahnungen von der ihm so teuren Stadt rührenden Abschied genommen, am 12. Januar 1519 zu Wels die Augen schloß, hatte jeder Augsburger das Gefühl, daß durch den Tod des Kaisers im Lebensgetriebe der Stadt eine niemals ausfüllbare Lücke entstanden sei.

Und schon pochte die Reformation an die Tore. Zuerst nur die Gelehrten berührend, zog sie in einigen Jahren die ganze Bevölkerung, am meisten die unteren Stände, in ihren Bann. Das 'Evangelium', das von den Kanzeln erscholl und in Hunderten von Flugschriften Verteidiger und Gegner fand, bildete den Gegenstand leidenschaftlichster Erörterungen bei hoch und nieder auf den Straßen, im Wirtshaus, in der Zunftstube und im Bad. Bei 'der armen Rotte' aber wurde keine Lehre des Evangeliums gieriger aufgenommen als die, daß alle Menschen Brüder seien. Groß wie sonst nirgend war schon seit langem gerade in Augsburg, dem Hauptsitz der großen Handelsgesellschaften und Kaufleute, der Gegensatz zwischen arm

Bestimmende
Zeitumstände und reich gewesen [1], und groß auch war die Erbitterung des 'armen Mannes'
gegen den 'reichen Prasser' und den 'sündhaften Wucherer'. Da wirkte die
Lehre des Evangeliums wie ein Funke, der in einen Haufen Stroh fällt;
gefährlich gärte es im Volke, und es kam zu bedrohlichen 'Aufläufen',
deren sich der Rat nur mit Mühe zu erwehren vermochte; und während
des Bauernkrieges, dessen Wellen ein paar Mal bis an die Mauern der
Stadt heranfluteten, gab es unter 'dem armen Pöbel' gar manche, die
keinen heißeren Wunsch hegten als den Sieg der Empörer. Aber auch soweit die Reformation sich als eine rein religiöse und kirchliche Bewegung
geltend machte, schritt sie in Augsburg auf stürmischer Bahn dahin. Mit
unerhörter Heftigkeit tobte hier der Sakramentstreit, und das Wieder-
täufertum fand in allen Ständen, trotz der Wachsamkeit der Prädikanten
und unnachsichtigen Strenge des Rates, so zahlreiche Anhänger, daß die
Stadt eine Zeit lang als 'der Wiedertäufer Taubenkobel' verschrieen war.
Die zeitweilige Unterdrückung der Evangelischen während des Reichstages
im Jahre 1530 hatte nur die Folge, daß sie nach dem Abzug des Kaisers
desto ungestümer die Wiederaufrichtung ihres Gottesdienstes verlangten
und unter dem Drängen energischer Prediger zwinglischer Färbung in den
nächsten Jahren den Katholischen Schritt für Schritt den Boden abgewannen.
Im Jahre 1534 untersagte der Rat 'den Päpstischen' die Predigt und
schloß alle ihre Kirchen mit Ausnahme der dem Bischof unmittelbar 'unter-
worfenen', drei Jahre später schaffte er die Messe ab und verlangte, daß
alle Geistlichen der Stadt das Bürgerrecht annähmen, wodurch er sie —
nur verhältnismäßig wenige fügten sich — zur Auswanderung nötigte.

An rauschenden Festen und allerlei Kurzweil, wie man sie zu Zeiten
Maximilians gewöhnt war, fehlte es in einer Stadt wie Augsburg, die
in mehr als einer Beziehung einen Mittelpunkt im Süden des Reiches
bildete, natürlich auch in dieser Periode nicht, aber das Behagen daran
wurde vielfach gestört. Der strenge Geist der Reformation durchdrang
alle Lebensverhältnisse, und der Rat war auf Eingebung seiner Prädikanten
eifrig bemüht, durch zahlreiche Verordnungen die allzu lauten Äußerungen
des Lust- und Kraftgefühls einzudämmen und der immermehr überhand
nehmenden Neigung zum Luxus entgegenzutreten. Für den Nachfolger des
guten Kaisers Maximilian aber hatte man, seit die Stadt im Jahre 1530
seine schwere Faust zu fühlen bekommen, nur das Gefühl der Furcht und
Scheu, und man war es wohl zufrieden, daß er seit dieser Zeit Augsburg
nicht mehr berührte [2].

1. S. hiezu Strieder, Zur Genesis   2. Er betrat die Stadt erst wieder zehn
des modernen Kapitalismus, Leipzig 1904.   Jahre nach Preu's Tod, im Jahre 1547.

Die Kunstwerke unseres Preu, die alle Stilphasen durchlaufen von den spätgotischen Formen des ausgehenden Mittelalters bis zu dem manieristischen Verfalle der Renaissance in den dreißiger Jahren des XVI. Jahrh., sind durchweg von dem Geiste der maximilianeischen Periode erfüllt. Von denen, welche in engerer Beziehung zu dem Kaiser stehen, ist vor allen 'ein Zyklus von Federzeichnungen' hervorzuheben, die Darstellungen aus den Schlachten Maximilians von dem Krieg im Hennegau (1478) bis zum venetianischen Krieg (1508 und 1509) sowie Szenen aus seinen Jagderlebnissen zum Gegenstande haben[1]. Sie fallen wahrscheinlich in das Jahr 1516 und sind im Auftrage Maximilians entstanden[2]. Ungefähr gleichzeitig war Preu mit einer anderen der Verherrlichung des Kaisers und dessen Ahnen dienenden Arbeit beschäftigt, nämlich mit Freskobildern an dem umgebauten und erweiterten Augsburger Rathaus[3], die genealogische Figuren und Schlachtenszenen darstellten. Gemalt wurden sie auf Bestellung des Rates, doch wurde der Stoff der Bilder wahrscheinlich vom Kaiser bestimmt, den Peutinger deshalb befragen mußte[4]. Auch an den Zeichnungen für den Theuerdank war Preu beteiligt, zum mindesten ist ein Blatt von seiner Hand[5].

Eine zweite von uns in Betracht zu ziehende Gruppe seiner Arbeiten wird von den Malereien gebildet, die er im Auftrage der prachtliebenden Fugger ausführte. Jakob Fugger ließ im Westchor der St. Annakirche eine Grabkapelle errichten, die als das erste Renaissancebauwerk in Deutschland in der Kunstgeschichte eine bedeutende Rolle spielt[6]. Preu hatte in ihr die vier kleinen Orgelflügelbilder herzustellen[7], die eine erstaunliche Fülle von Renaissancemotiven in der Architektur und Ornamentik aufweisen und den Gedanken nahe legen, daß unser Künstler seine Vorbilder in Italien durch eigene Anschauung kennen gelernt. Daß auch die Bilder auf den großen Orgelflügeln der Kapelle, von denen eines die Himmelfahrt Christi, das andere die der Maria darstellt, von Preu herrühren, wird

1. S. die oben S. 3 Anm. 2 zitierte Abhandlung Dörnhöffers.
2. Dörnhöffer, l. c. S. 6 ff.
3. S. unten S. 22, 8; Dörnhöffer, l. c. S. 22.
4. S. das Schreiben Peutingers dd. 9. Juni 1516 im Jahrb. d. kunsthist. Samml. ꝛc., Bd. XIII, Regest 8010.
5. Dörnhöffer, l. c. S. 22 ff.
6. S. hiezu Rems Chronik im V. Bd. der Augsburger Chroniken S. 82; Schott, Beiträge zur Gesch. des Karmeliterklosters und der Kirche von St. Anna (in Augsburg) in der Zeitschr. des hist.

Ver. f. Schw. u. Nbg., Jahrg. 1880 S. 205.— In kunsthistorischer Beziehung: Entwürfe und Aufnahmen von Bauschülern der technischen Hochschule in Karlsruhe, Heft 1, 1884, Text von Weinbrenner; Gröschel, Die ersten Renaissancebauten in Deutschland im Repertorium für Kunstwissenschaft, Bd. XI S. 242 ff. (auch im Separatabdruck erschienen); Bischer, l. c. S. 583 ff.
7. S. hiezu Stiaßny's ausführliche Beschreibung und Dörnhöffer, l. c. S. 17.

Preu als
Künstler
allgemein angenommen, obwohl nicht alle Zweifel ausgeschlossen sind[1].
Für Jakob Fuggers Neffen Anton führte er in den Jahren 1533—1536
in dem umgebauten Teil des Fuggerhauses umfangreiche Malereien aus[2],
ein Umstand, der, soweit ich sehe, den Kunsthistorikern bis jetzt nicht bekannt war.

Von Preu's kleinen Arbeiten seien hier die Illustrationen erwähnt,
die er für Drucke Augsburger Verleger anfertigte, so für ein Missale des
Bischofs Hugo von Landenberg (erschienen bei Erhard Ratold), für eine
Art von Evangeliumharmonie (aus der Offizin des Hans Schönsperger)
und eine Beschreibung der Reisen des Landfahrers Vartoman (gedruckt bei
Hans Müller)[3]. Sein Schwiegersohn Hans Tirol gab im Jahre 1536
einen großen, aus achtzehn Platten bestehenden Holzschnitt heraus, gedruckt
bei Steiner, der die im Jahre 1530 während des Reichstages von Karl V.
vollzogene Belehnung Ferdinands zum Gegenstand hat. Daß Preu an
diesem Werke mitarbeitete, ist sicher, doch ist das Maß seines Anteils daran
schwer zu bestimmen[4].

Von seinen größeren Arbeiten aus späterer Zeit heben wir hervor die
Schlacht bei Zama, Artemisia und die Geschichte der Lukretia, die er für
die von Herzog Wilhelm IV. von Bayern begründete Sammlung von
Schlachten- und Geschichtsbildern malte, dann das Martyrium der hl. Ursula auf einen jetzt in Dresden befindlichen Altar und den Meitingschen
Epitaph in der St. Annakirche zu Augsburg[5]. Er zeigt in der herkömm-
lichen Weise Christus in der Vorhölle, wie er den sehnsüchtig sich nach
ihm ausstreckenden armen Seelen die Hand reicht; darüber Gott Vater
mit der Tiara.

Preu als
Chronist
Von einem Einfluß der Reformation auf den Maler findet sich auf
all diesen Bildern und Zeichnungen, wie auch auf denen, die wir unbeachtet
ließen, keine Spur, und man würde sich zu dem Schlusse berechtigt glauben,
er habe zu jenen gehört, die sich ihr verschlossen. Aber seine Chronik, der
wir uns nun zuwenden wollen, belehrt uns eines andern.

Daß die hier in Betracht kommenden Aufzeichnungen wirklich von
Preu herrühren, ist zweifellos; dagegen ist es fraglich, ob wir sie nicht
bloß als eine Art Auszug aus einem größeren von Preu verfaßten
Chronikwerke anzusehen haben. Für letzteres spräche der Charakter des

---

1. Dörnhöffer, l. c. S. 35.
2. S. S. 71, 15.
3. Dörnhöffer, l. c. S. 19 ff.

4. S. Essenwein, Einleitung,
Dörnhöffer, l. c. S. 36.
5. Dörnhöffer, l. c. S. 32 ff. 34 ff.

Springenden und Zufälligen, der den Einträgen anhaftet, und der Umstand, daß an ein paar Stellen auf etwas Bezug genommen wird, wovon in unserer Handschrift nichts zu finden ist. Von einer fortlaufenden Verzeichnung wichtigerer Begebenheiten ist keine Rede, ja es ergibt sich, daß gerade mehrere von den Ereignissen, die auf die Zeitgenossen den tiefsten Eindruck machten und von keinem andern Augsburger Chronisten unberührt blieben, vollständig übergangen sind. So erzählt Preu z. B. ziemlich breit von den Aufläufen, die in Augsburg am 6. und 9. August 1524 stattfanden, berichtet aber aus dem Bauernkriege nur eine einzige kleinere Episode aus Tirol; er beschreibt ausführlich das Einschreiten des Rates gegen die Wiedertäufer im Jahre 1527, schweigt aber über die gegen sie verhängten obrigkeitlichen Maßnahmen im nächsten Jahre, die doch sogar zu einer Hinrichtung führten; der Türkenzug im Jahre 1529 und die schreckliche Krankheit des englischen Schweißes, die in Augsburg wie anderwärts in dieser Zeit wütete, findet keine Erwähnung, ebensowenig der Reichstag vom Jahre 1530. Über die tief einschneidenden Vorgänge bei der vom Rate im Jahre 1534 vorgenommenen Reformation des Augsburger Kirchenwesens gleitet er mit ein paar kurzen Notizen hinweg, ergeht sich dafür aber desto breiter über die vom Jahre 1537 und deren unmittelbare Folgen. Statt des vielen Wichtigen, das ausgefallen, finden sich eine Menge meist kurzer Aufzeichnungen über Prangerszenen, Hinrichtungen und Ausstäupungen von Delinquenten, Todesfälle bekannter Persönlichkeiten, Aufsehen erregende Hochzeiten, obrigkeitliche Verordnungen, Verfolgungen evangelischer Prediger, Skandalgeschichten und besonders über Preisbewegungen im Getreidekauf. Zwei größere Einträge beschäftigen sich mit auswärtigen Begebenheiten und Verhältnissen; der eine mit der Vertreibung des Predigers Jakob Otter in Kenzingen und der darauf erfolgten Hinrichtung des dortigen Stadtschreibers, der andere mit den Lehren und dem Treiben der Wiedertäufer im Thurgau. Sein künstlerisches Schaffen, über das man Preu am liebsten möchte sprechen hören, berührt er nur an zwei Stellen, über seine Kunstgenossen sagt er kein Wort.

Alle diese Erzählungen und Notizen, an sich zum Teil wenig belangreich, erhalten eine eigenartige Bedeutung durch die Gesinnung, aus der heraus sie erwachsen sind, und durch Glossen, mit denen sie der Chronist begleitet. Sie spiegeln die maßlose Erbitterung des 'gemeinen Mannes' gegen die Reichen und Mächtigen, und nun erkennen wir auch die Motive, von denen sich Preu in der Zusammenstellung seiner Aufzeichnungen leiten ließ: Sie sollten in ihrer Gesamtheit ein Bild geben von der schrecklichen Fäulnis, die nach seiner Anschauung den nach außen so glänzend dastehen-

ben Bau des Augsburger Staatswesens ergriffen hatte. Was der Rat
in bester Meinung anordnet, um die städtischen Finanzen zu kräftigen,
um Zucht und Ordnung aufrecht zu erhalten und eingerissene Mißstände
und Unziemlichkeiten abzustellen, erscheint Preu nur als unnötige und über-
mütige Bedrückung der Armen und Schwachen. Die Gerechtigkeit hat
zweierlei Gewicht in ihrer Schale, je nach Ansehen der Person, die vor
ihr erscheint. Die großen Kaufleute sind schändliche Wucherer, die durch
ihre 'Fürkäufe' die Preise für das Nötigste frevelhaft hinauftreiben, und
diejenigen, die von ihnen im Rat sitzen und es wehren sollten, sind die
ärgsten. Die Bäcker und Metzger stehen in ihrem habsüchtigen Gebaren
auf gleicher Stufe mit den Kaufleuten und bereichern sich gewissenlos an
den Hungernden.

Am meisten Anstoß aber nimmt Preu an dem Verhalten der Macht-
haber im Rate und der Reichen gegen das Evangelium. Wo es ihr Vorteil zu verlangen scheint, verleugnen sie Christus und unterdrücken die
Wahrheit; bei der Abstimmung auf dem Reichstag zu Speier (1529)
haben sie sich unter Anwendung von Lug und Trug auf die Seite der
Feinde des Evangeliums gestellt. An der Spitze dieser Verräter stehen
die Bürgermeister Imhof und Bimel, von denen er den ersteren auch
sonst für alles, worüber die Gemeinde zu klagen hat, verantwortlich
macht, und der Stadtschreiber Peutinger, alle drei die größten Heuchler,
die man finden kann. Sie haben den Teufel im Herzen und das Wort
Gottes im Munde und verstehen es trefflich, auf beiden Seiten Wasser
zu tragen. Wohin man sieht, 'evangelische' Männer, aber wo zeigt
sich die Lehre Christi in ihrem Leben und Wandel? Damit berührte er
einen wunden Punkt, den auch der wackere 'Söldner' Hans Zoller[1], der
Maler Satrapitanus[2], die Prädikanten und der Rat selbst in seinen 'Berufen' häufig genug beklagen; aber Preu ergeht sich dabei ähnlich wie
die Wiedertäufer[3], wenn sie von den 'Früchten des Evangeliums' sprachen,
in höhnischen Wendungen und Andeutungen, ja sogar in Hinweisung auf
bestimmte Personen. Im übrigen hegte er für die Wiedertäufer, wenn
er auch ihre Verfolgung mißbilligte, keine Sympathie. Ihre Ausschrei-
tungen im Thurgau erscheinen ihm verwerflich, von den Taufgesinnten in
Augsburg meint er, sie seien 'zu hoch in die Schrift gestiegen'.

---

1. S. über ihn, Clemen, 'Hans Marschalck genannt Zoller, von Augsburg' in
den Beitr. zur bayerischen Kirchenge-
schichte, Bd. IV S. 223 ff. — Roth, Wer
war Hans Marschalck, genannt Zoller von
Augsburg? ebenda Bd. VI S. 229 ff.
2. Clemen ebenda S. 274 ff.; Roth,
A. R. G. I S. 35.
3. Roth, A. R. G. I S. 221.

Leider wissen wir nicht, wie es Preu selbst mit der Übung der christ-
lichen Liebe hielt, die er an anderen mit so großem Unwillen vermißt.
Der Ton seiner Aufzeichnungen, der geradezu lieblos genannt werden
muß, stellt ihm nach dieser Richtung hin kein günstiges Zeugnis aus.
Wenn er auch in vielen Dingen, die er bemängelt und rügt, sicher im
Recht ist, so ist doch auch, wie sich aus unserem Kommentar zu seiner
Chronik ergeben wird, ebenso sicher vieles Übertreibung, böswilliges
Gerede und kurzsichtige Verkennung des Tatsächlichen. Und wenn er
andere deshalb schilt, weil sie ihre evangelische Gesinnung der Rücksicht
auf Geld und Gut unterordneten, so hätte er doch nicht vergessen sollen,
daß auch er, um zu verdienen, 'trotz erkannter Wahrheit' nach wie vor
'Götzen' malte.

Gegen die 'Pfaffen' und die 'Päpstischen' überhaupt war er von
fanatischem Hasse erfüllt. Mit sichtbarer Genugtuung berichtet er die
Einzelheiten bei ihrem Abzug und entgegnet höhnisch auf ihre Klagen:
'Ja, daß man sie nicht vor vielen Jahren vertrieben hat, die geistlichen
Väter!' Auch an der Zertrümmerung und Beseitigung der 'frommen
Götzen', die der Rat damals anordnete, hatte er seine Freude, was bei
einem Künstler, der selbst vielfach und bis zuletzt zum Schmucke der Kir-
chen mit 'Götzen' tätig gewesen, seltsam genug anmutet.

Was uns Preu in seiner Chronik berichtet, hat er teils selbst gesehen und gehört, teils sich auf der Zunftstube oder sonst 'geselligerweise'
erzählen lassen. Er muß seine Gewährsmänner, die meist Handwerker
gewesen sein werden, als ganz verläßliche Leute angesehen haben, denn er
nahm das, was sie ihm mitteilten, willig auf und kümmerte sich nicht
weiter darum, ob es damit seine Richtigkeit habe oder nicht; je verwerf-
licher ihm die Gesinnung oder das Gebaren der Persönlichkeiten, die in
solchen Erzählungen eine Rolle spielten, erschien, desto lieber glaubte er
daran. Das meiste, was er davon seiner Chronik einverleibte, schrieb er
sofort nieder, anderes, wie die häufigen falschen Datierungen zeigen, erst
nach einiger Zeit, wenn er eben Muße hatte oder wieder daran erinnert
wurde.

Die Form der Einträge ist äußerst kunstlos, fast möchte man sagen
roh. Preu ist nicht fähig eine längere Erzählung übersichtlich und logisch
zu gestalten und zeigt sich auch in kürzeren Notizen äußerst ungeschickt im
Satzbau und im Ausdruck, so daß sie an einigen Stellen fast unverständlich sind. Seine Sprache ist die des gemeinen Mannes, voll von derben

Die Chronik Worten und Rebensarten wie auch von volkstümlichen und sprichwört-
lichen Wendungen; doch vermögen letztere, da sie gar zu ungelenk einge-
flochten oder angefügt sind, die Darstellung nicht so zu heben und zu be-
leben, wie dies in anderen Schriftwerken, in denen solche Mittel ange-
wendet sind, häufig der Fall ist.

Ein Lorbeerblatt als Schriftsteller erwirbt sich also Preu, der als
Künstler zwar nicht unter die größten, aber doch unter die 'guten' Maler
der Augsburger Renaissancezeit gerechnet wird, durch seine Chronik gewiß
nicht; aber doch möchten wir diese nicht missen, da sie uns einerseits die
Individualität dieses Mannes, die bis jetzt nur in schwachen Schatten-
rissen erschienen ist, etwas sichtbarer macht, anderseits ein in vielen Beziehungen interessantes Gegenstück zu dem die Augsburger Reformationsgeschichte behandelnden Teil der Senderschen Chronik bildet.

Beschreibung der Handschrift und Feststellung des Todesjahres Preu's.

Preu's Chronik scheint sich nur in unserer Handschrift erhalten zu
haben. Das auf der Vorderseite des Vorschlagblattes mit roter Tinte ein-
geschriebene Wort 'Histori' deutet darauf hin, daß sie ursprünglich dem
im Jahre 1579 wegen Veruntreuung städtischer Gelder gehenkten 'Rats-
diener' Paul Hektor Mayr angehörte, der die meisten seiner geschichtlichen
Codices in dieser Weise zeichnete. Seine kostbare Bibliothek wurde nebst
anderen wertvollen Gegenständen seines Nachlasses auf Anordnung des
Rats verkauft, darunter wohl auch unser Codex, der dann später aus un-
bekannter Hand in den Besitz Andreas Felix Oesele's, des Herausgebers
der Rerum boicarum Scriptores, überging. Nach dem am 24. Nov.
1902 erfolgten Tode seines Urenkels, des k. bayerischen Reichsarchiv-
direktors Freiherrn Edmund von Oesele, kam die Handschrift mit anderen
in die k. Staatsbibliothek in München[1], wo sie unter der Signatur Cod.
(pap.) Oef. 214 aufgestellt ist.[2] Herr Dr. Georg Leidinger, k. Sekretär
daselbst, hatte die Güte, mich auf sie aufmerksam zu machen.

Der Codex bildet ein Heft von einundzwanzig Bogen, von denen das
erste Blatt, sowie die Rückseite von Blatt 33 und die diesem folgenden

1. S. hierzu Leidinger, Schicksale
der Bibliothek A. F. v. Oesele's in den
Forsch. z. Gesch. Bayerns, Jahrg. 1905
S. 230.
2. Cod. Oef. 215 enthält einen von
Felix Oesele eigenhändig hergestellten Auszug aus diesem Cod. (Notizen aus den
Jahren 1513, 1515, 1516, 1524, 1525,
1527 u. 1526).

Blätter unbeschrieben sind. Er ist um die Mitte des XVI. Jahrhunderts von einem geübten, mit etwas flüchtiger Hand arbeitenden Schreiber hergestellt, der seine Vorlage Wort für Wort, unbekümmert um den Sinn, zu reproduzieren suchte, sich aber dabei aus Lässigkeit mancherlei Fehler — Auslassungen von Worten, Umstellungen kleiner Sätze, falsche Zahlen usw. — zu schulden kommen ließ. Da Preu seine Notizen auf einzelnen Blättchen gemacht zu haben scheint, fügte der Schreiber solche, denen keine Jahreszahl beigeschrieben war, öfter unter ein unrichtiges Jahr ein, wie er sich auch nicht immer die Mühe nahm, die mit Tagesdatum versehenen innerhalb eines bestimmten Jahres in genaue Ordnung zu bringen.

Die von neuer Hand foliierte Chronik beginnt auf Bl. 2ª mit vier größeren Erzählungen aus dem Jahre 1376 [1], springt dann ohne Übergang über auf die Jahre 1512, 1513, 1514, die insgesamt nur vier Notizen enthalten, reiht daran die ziemlich ausführliche in die Jahre 1513 und 1514 fallende Geschichte der 'geistlichen' Schwindlerin Anna Laminit und einen ganz kurzen Eintrag zum Jahre 1515. Beim Jahre 1516, dem drei Notizen eingereiht sind, nennt der Verfasser der Chronik seinen Namen, Jörg Preu, und schreitet dann vor zu den Jahren 1520 und 1523, die nur je einen Eintrag aufweisen. Unter 1524, 1527, 1529 finden sich eine größere Anzahl zum Teil ziemlich umfangreicher Nachrichten fast durchgängig reformationsgeschichtlichen Inhalts, während die Jahre 1525 und 1528 nur ein paar Einträge bieten und die Jahre 1526 und 1530 ganz übergangen sind. Von 1531 bis 1536 einschließlich treffen wir auf keine solche Lücke mehr, doch ändert sich von da an der Charakter der Chronik insofern, als sie sich nun weniger mit reformationsgeschichtlichen Begebenheiten als mit Vorgängen des städtischen Lebens, insbesondere mit den die ärmere Bevölkerung unerträglich bedrückenden Teuerungsverhältnissen, beschäftigt. Unter 1535 spricht Preu von seinem Tochtermann Hans Tirol, unter 1536 (Juni) von seinen Arbeiten im Fuggerhaus. Die Notizen des Jahres 1537 haben fast ausschließlich die Ausschaffung der Geistlichkeit zum Stoffe.

Indem wir von diesen Notizen sprechen, stoßen wir auf eine Schwierigkeit. Das Augsburger Malerbuch gibt nämlich als Todesjahr Preu's das

---

1. Sie sind sämtlich der Chronik von 1368—1407 (1447) entnommen, die im ersten Bande der Augsburger Chroniken gedruckt ist. Ob Preu diese Chronik bezw. Teile derselben seiner eigenen vorausgehen lassen wollte, oder ob wir es anzusehen haben, nur mit zufällig seinem Manuskript beiliegenden Blättern zu tun haben, die der Schreiber einfach mit abschrieb, muß dahingestellt bleiben. — Die vier Stücke stehen l. c. S. 45, 3; 46, 16; 47, 1; 50, 10.

Jahr 1536 an[1]; er könnte also, wenn dies richtig wäre, zum mindesten das, was in der Chronik unter 1537 steht, nicht mehr geschrieben haben. Aber diese Angabe ist eben irrig, wie sich aus folgendem ergibt: Das Steuerbuch des Jahres 1536 läßt uns ersehen, daß Preu noch Mitte Oktober dieses Jahres unter den Lebenden weilte, denn um diese Zeit nahm man die 'Steuerbeschreibung' vor, und unser Maler erscheint noch als Steuerzahler. Er könnte aber noch während des Restes des Jahres gestorben sein, und wir müssen deshalb die Notizen, die in die letzten Monate desselben fallen, daraufhin prüfen, ob sich in ihnen irgend ein Anhaltspunkt hiefür findet. Das ist aber durchaus nicht der Fall. Die betreffenden Einträge lassen keine Spur eines abgerissenen Fadens erkennen, sondern alle äußeren Momente, wie die Art des Stoffes, die Datierung und die sprachlichen Eigentümlichkeiten führen zu dem Schluße, daß die ganze Chronik von 1512 bis Ende 1536 von Preu geschrieben ist. Und was eben von den letzten Einträgen des Jahres 1536 gesagt wurde, das gilt auch für die des Jahres 1537. Sie schließen sich unmittelbar an die von 1536 an; die letzte Nachricht aus letzterem Jahre datiert vom 28. Dezember, die erste des Jahres 1537 vom 8. Januar. Die feindselige Gesinnung gegen die 'Pfaffen' und die 'Abneigung' gegen die 'Götzen', die in den darauf folgenden Notizen zu Tage tritt, stimmt ganz und gar zu der Art und Weise, wie sich Preu schon an früheren Stellen seiner Chronik über den Klerus und die Bilder geäußert hat. Auch der Umstand, daß unter 1537 (Februar) noch einmal von Hans Tirol die Rede ist, mag noch zugunsten unserer Behauptung angeführt werden.

Die zeitlich letzte Begebenheit, die in der Chronik erwähnt wird, datiert vom 12. Mai 1537; als man Mitte Oktober des Jahres das Steuerbuch abschloß, war unser Preu tot. Er ist also in den Sommermonaten oder im Frühherbst 1537 gestorben.

Den Schluß seiner Chronik bilden zwei Notizen, von denen die eine noch von Preu herrühren könnte, während die zweite, die dem Jahre 1542 angehört, von einem uns Unbekannten angefügt wurde, vielleicht von Jörg Preu dem Jüngeren.

Die vorliegende Ausgabe Die Chronik von Preu wird hiermit zum ersten Male veröffentlicht. Da sie, wie oben bemerkt, in sehr unbeholfenem Stil geschrieben ist, mußten öfter, um eine Stelle besser verständlich zu machen, Worte ein-

---

1. Vischer, l. c. S. 566.

geschoben werden; sie sind in eckige Klammern gestellt. Einige Sätze, die der Abschreiber offenbar an eine unrechte Stelle anschloß oder einfügte, wurden als sinnlos ausgeschaltet und unter den sprachlichen Anmerkungen mitgeteilt. Die sachlichen Anmerkungen bieten teils bestätigende und erweiternde Parallelstellen aus anderen Chroniken, teils Erläuterungen, die meist aus den Beständen des Augsburger Stadtarchives genommen sind, hauptsächlich aus den Steuerbüchern, den Baurechnungen (Stadtrechnungen), den Ratsdekreten, den Ämterbüchern, den Urgichten, den Strafbüchern und der sog. Literaliensammlung. Was den Inhalt der beiden Beilagen bildet, stammt aus dem k. b. Reichsarchiv. Die vier Stücke aus der Chronik von 1368—1406 (1447), die der Preu'schen Chronik vorausgehen, haben wir, da sie schon gedruckt sind und zu dem Nachfolgenden in keiner Beziehung stehen, weggelassen. Die Orthographie der Handschrift wurde in der üblichen Weise vereinfacht.

1512.

Item im jar 1512 fieng man den zunftmeifter, was fpitlmeifter gewefen, hieß der Fincf, ain bierfchencf, und ainen, hieß Conrade, was zů
derfelbigen zeit fpitlfchreiber gewefen; zichendt ainander mit falfchen
briefen, het ain jetlicher recht [1].   5

1513.

23. Febr. Item im jar 1513 am freitag im hornung, am 28. tag, da ward
den fchneidern geftolen ir buxen mit gelt und ain brief; was biß gelts vier-
hundert und 13 gulden, hets ir zunftmeifter [1], der hies Martin Hůter, er
ward bezigen donftunban. noch wolt er fein fo ftarcf, maint in folches   10
nit zůzeihen. und man fand an im ain riß, hett er fich geriffen an dem
fchloß oder einem nagl; ward er erfuecht denfelbigen tag und nacht, und
man het folchen arglwon auf in. noch gieng er am morgen in rath, wer
wol zů der ftat hinaus lumen, alfo fieng man in am fambftag. da lag
er da und ließ fich martern und peinigen; man lunth nichts von im   15
5. März bringen bis in die faften vor letare, da verjach er on allen marter. er
hett fich laffen martern — alle die marter, die man mocht haben, die thet
man im an — bis zeit was. da ward er fchuldig und wurde ausgefuert
10. März am dornftag nach letare, und man henglet in. da ftarb er, daß ers nit
than hett. und was aller fchub da, dann es was anzaigung genůg vorhan-   20

3. Handfchrift: 'ainer'.   20. 'dann—vorhanden' in der Handfchr. am Schluffe des Abfatzes.

1. Von diefem Vorfall erzählt auch die
Augsburger Chron., Cod. germ. 5052 der
k. Hof- und Staatsbibl. in München,
S. 389: 'Im 1511 jar ward ain zunftmeifter, der Fincf, fpittlmaifter, und der
fchreiber Conradt beid hie gefangen, aber
man tett in nichts; macht, der Ludwig
Hofer, burgermaifter, als obrifter pfleger
wolt inen wol, und helt man fie geftraft,
wurd dem burgermaifter als pfleger auch
die fchuld zůgelegt worden fein. darnach
anno 1527 ward auch ain fpittlmaifter

gefangen, der hett wol 2000 fl abtragen,
dem half der burgermaifter Imhoff, daß
man im nichts tett. in fumma: es ging
da wie mit andern fachen, es wolt niemand den fux beifen' ɔc. — Ganz unge-
ftraft aber kam Hans Finf. Zunftmeifter
der 'Bierbreuen', nicht davon, denn er
wurde feines Zunftmeifteramtes enthoben,
zu dem man ihn jedoch 1516 wieder zu-
ließ. (Rems Chron., Augsb. Chron. Bd.
V S. 47.) Er blieb dann in feinem Amte
bis 1525.

ben : man hett das gelt in feinem haus gefunden und fchlüßl, die er machen
hett laffen, und brief der fchneider[1].

Item anno domini 1513 am montag in der kreutzwochen, was des
[2.] tags mai, da fieng man den Gagn und Johannes Reifchner, auch   2. Mai
5 Simon Gucker und den jungen Michel von Giengen, waren die drei wirth,
und der Simon Gucker hett das ambt, von weinen das gelt einzunemen.
die waren gen München geritten und [3b] hetten ein teuerung gemacht im
wein, daß man forcht, die gmain wurd fich bewegen. item fie wurden ge-
ftrafft, die drei, umb fechs ofen ftain und der Simon Gucker umb ain
10 halben ofen ftain, und [im] das ambt genomen[2].

1514.

Anno domini 1514 am 18. tag mai da warb gericht ainer, hieß
Anthoni Stolz, ain raifiger knecht auf all fettel. den fuert man aus und
fchlüg im das haupt ab. der gieng aus als ain viech, weder beicht noch
15 bericht, ungeffen und untrunken von abkünden feins rechttags, daß er niemant wollt verzeihen noch vergeben, weder horen fagen von Got noch von
fein heiligen. und warb wierlich gericht und ftarb wie ain viech. er
fprach, die von Augspurg morbeten in, und wolts all auf fein jüngft gericht laden. er hett nie weder frib noch brief gehalten[3].

2 Handfchr. 'den fchneibern'.   17. Es wird heißen follen 'liglings' ftatt 'wierlich'.

1. Vgl. Sender (Augsb. Chron.,
Bd. IV) S. 129; Rem S. 6; Gaffer-
Werllch (Frankfurt 1595), II S. 273. Das
Urteil lautet: 'Martin Hüter von Augspurg, der da gefangen und gebunden ftat
und im an fein leyb und leben gat, der hat
ain merklich und übel diebftal an der
fchneiberzunft begangen. demnach und
auf fein bekantnus ain erfamer rat difer
ftat Augspurg angefehen und zu recht er-
kennet hat, das er mit trockner hand vom
leben zum tob gericht werden fol, davor
fich menigelich wiffe zu verhütten. Actum
bonestag nach letare (10. März) anno ic.
1513.' (Urgichtenfammlung). — Der 28.
Februar, an welchem nach Preu der Dieb-
ftahl begangen worden fein foll, war kein
Freitag, fondern ein Montag; es wird
heißen follen 'am 25. tag'.
2. Vgl. Rem, l. c. S. 9. Die Namen
der im Texte Aufgeführten find dort
genauer angegeben: Jörg Gag, Hans
Reyfchner, Michel Kaufmann der jung
und Sigmund Gugger.

3. In der Chronik des Augsburger Pa-
triziers Matthäus Langenmantel, 'Schätze'
des Augsburger Stabtarchives nr. 9, heißt
es Bl. 343a: 'Bemelts jars (1514) da
warb einer gen Augspurg gefuert von
Oftendorf aus des Ulrich Rechlingers ge-
richten . . . ., der hieß Anthoni Stolz; der
wolt die leut zwingen mit im abzukomen
umb unbillig fachen, ober er wollt in ab-
fagen. er wollt auch kein frib halten,
war ein brutziger menfch. dem fetzt man
ein rechttag. der wollt nit beichten noch
unfern herren empfahen; er wollt auch
nichts güts hören fagen, wollt kein pfaffen
bei im leiden und was ganz ungefchickt
mit reden. und als man in zue der haupt-
ftatt bracht, da warb er je lenger je wilber,
daß in der henker mit henben und fueffen
binden mueft, wann er wollt nit beichten,
beten noch niberkuien und kein pfaffen
bei im leiben. da warf in der henker
niber und fchlüg im den kopf alfo auf
der feiten ligenb ab.' Auch eine Notiz in
dem Cod. germ. 342 der k. Hof- und

2*

1513—1514.

Item im jar 1513 ward die stat verboten und ausgesandt aine, gnant Anna Laymanitlin. die was in langer zeit, in 14 jaren und mehr zeit, vor der welt geacht ungessen und truncken, sich also gehalten in maß, daß man in aller welt von ir hat wissen zu sagen von solcher grosser gaist- 5 lichait ꝛc.; auch ir so groß guet zugeschickt haben kaiser, könig, fürsten und herren, eblen und uneblen burger und die mechtigisten zu Augspurg, die solch groß glauben und hoffnung zu ir gehabt haben, daß man sie für heilig geacht und geschetzt hat; doch kain armer nit vil auf sie geacht hat oder ge- halten[1]. 10

Item sie hat sich gebraucht in der pfarr zum heiligen Creutz mitsambt den geistlichen; carbinal, bischofen und all gaistlich betrogen mit so ir grossem list und bete, daß sie voran Got von himel hat betrogen in beichten [und] im sacrament all suntag und zwelfpoten tag zu nemen; etwann nichts truncken barnach, als cristlich leut thun sollen; hat zu zeiten, alsbald sie 15 Got empfangen hat, sich gebraucht als unwillig oder [mit] kotzen, bis sie ist komen in ir stell, vor den leuten ꝛc. — vil, vil böser stuck.

[4ᵃ] Item sie hat sich understanden und hat wöllen weissagen, daß sich zu derselbigen zeit kaisers Maximilians hausfrau mitsambt irem zimer und alles volck zu Augspurg, gaistlich und weltlich, barfueß und wullen 20 beclaibt ainen kreutzgang gethan hat[2], dann sie gesagt hett, es wurde

16. In der Handschrift steht 'sie' statt 'sich'.   20. Handschr. 'wullen und barfueß beclaibt'.

Staatsbibl. in München erzählt von die- sem Stolz, Bl. 83ᵃ. Er lag, wie hier be- richtet wird 'wol 40 wochen gefangen'. Am Schluß wird bemerkt: es 'müßt im der henker den kopf siglingen abschlagen, und grüb man in in den galgen naus'. Von ge- druckten Chroniken s. Gasser-Werlich, II S. 273. Das in der Urgichtensamm- lung erhaltene Urteil besagt, daß Anthoni Scholz von Ostendorf (bei Nordendorf) 'mit plutiger hand vom leben zum tod gericht werden sol', weil er 'gebotten friden mit gewappneter hand verbrochen und darüber mer dann ain gewaltig leibesbe- schedigung gethan, auch ein landtzwang begangen. Actum boneßtag nach cantate. 18. Mai, anno ꝛc. 1514.'

1. Von dieser Anna Laminit (aus einer damals in mehreren Gliedern vertretenen Augsburger Handwerkerfamilie) berichten auch andere Chroniken, z. B. die von Senber S. 116ff.; die von Wilhelm Rem S. 11ff.; die von Gasser-Wer- lich, II S. 266. Die Abschaffung der Betrügerin erfolgte nach Gasser am 20. Februar 1514, nach Rem am 18. Febr. des Jahrs.

2. Der Kreuzgang wurde (an einem nicht genannten Tage im Jahre 1503) abgehalten, um die durch häufiges Fallen von blutroten Körperchen mit Kreuzes- gestalt sich ankündende Ungnade Gottes abzuwenden. Es sollen sich an ihm un- gefähr 60000 Menschen, unter ihnen die Königin Maria Blanka mit ihren Dienerinnen, beteiligt haben. S. L. Brunner, Kaiser Maximilian I. und die Reichsstadt Augsburg S. 31.

die stat untergeen; aber mit dem creutzgang het sie sanb Anna gebeten [1] Got zů bitten, damit solchs nit geschech. dergleichen hat sie ein crucifix gehabt, welches sie blůtig gemacht, und gesait, es hett also geschwitzt blůt. solcher půberei trib sie vil und vil manches jar.

5 Item im jar 1513 schickt die hertzogin von Bayrn, des kaiser Maximilians schwester, nach ir [2] und wollt von ir die grossen wunderwerck versůchen, thet ains, nam sie und sperrt sie in ain gemach, daß niemant zů ir kundt; allain sahen etlich junckfrauen durch ain löchlen hinein, was sie thet. da hett sie gůt latwergen und gůte, starcke speiß unter dem gwandt 10 hangend, da aß sie aus und harnet ain glaß vol und schitts hinaus. das sahent die junckfrauen all und giengen zů der hertzogin hin und sagten ir solche meer. also mit kurtz nam die hertzogin das Annelin Lamenitli und setzt sie an iren tisch; da sagt es, sie eß nit. da sprach die frau: 'ich peut dirs bei der gehorsam, daß du essest'. also nam sie drei pißlen. da thet sie, 15 als wollt sie es widergeben. da nams die hertzogin und zochs aus, da fand sie secklen in den kleidern mit gwurtz und lebzelten. da pot sie ir, daß sie můst hinnach offenlich essen, damit daß Got und die welt nit also betrogen würden.

Also kams her und ward durch ir guet freundt, die reichen, unterricht, 20 daß sie die hertzogin wolt schmehen, sie hett ir unrecht than [3]. also schrib die hertzogin dem rath von Augspurg, daß sie ir solten die stat verpieten und nichts am leben thun. also pote ir die kaiserliche maiestet aus. da brach auf ir grosse půberei, daß sie sich solcher gebraucht hett mit kuplen, mit kindt zů verteibigen, mit schanck, miet und gab einnemen und mit gelt 25 ausleihen. solcher stuck braucht sie sich mit den reichen, die hetten glauben an sie.

Also kam sie hinweck und kam gen Kaufpeurn [4]. da was sie ain zeit und nam ain mann, von Beurn burtig, ain pogner, und bracht im zů ob 1600 fl. das [4ᵇ] geschach im jar 1514 nach sanbt Gallen tag. ein solch 16. Okt.

---

25. Handschrift: 'mit gelt und ausleihen'.

1. Der St. Anna Kultus stand Ende des XV. und Anfang des XVI. Jhdts. in höchster Blüte.
2. Kunigunde, die Witwe des Herzogs Albrecht IV. von Bayern, die nach dem Tode ihres Gemahls in das Pütrichkloster, St. Klaraordens, in München eingetreten war. Die Art der Entlarvung der Laminitin ist am besten aus dem in

Rems Chronik (S. 13 ff.) übergegangenen Brief der Herzogin, dd. 16. Oktober 1513, zu ersehen. Vgl. Senber S. 117.
3. Der Rechtfertigungsversuch der Laminitin bei Rem S. 18.
4. Über ihre weiteren Schicksale berichtet kurz Senber S. 117, ausführlich Rem S. 19 ff., S. 85.

mensch weer vor zeiten auf den pranger gstellt worden und von kuplerei
wegen hinaus gefuert. also wißt ir sein anfang und ausgang.

1515.

Item im jar 1515 da fing man an zů pauen den lůgisland, den
thuren, und das rathaus[1], und waren baumeister Jorg Vetter und Jeronimus Imhoff mitsambt einem rate[2] ꝛc.

1516.

Anno domini 1516 jar fieng ich, Georg Prew, an zů malen mit
sampt Ulrich Abbt und Ulrich Maurmüller das rathhaus, und ich, Jorg
Prew, was maister darüber und muest allen sachen vorstan und der erst und
letzt sein darvon. und gab allen zeug darzů und costung. darob hett ich
vier gesellen und zwen knaben, und Ulrich Apt ain sun, Michl, und Ulrich
Maurmüller ain knaben. daran maleten wir am freitag nach corporis
Cristi bis acht tag vor Michaelis. also warbt mir geben zum voraus
hundert und fünftzig gulden; darnach stunde ich mit inen an, und gab man
darvon neunhundert gulden und zwaintzig gulden den gesellen zů trinckgelt[3]

Item wann man wild schiessen will mit der buchsen, daß das pulfer.
nit knallt, so nim ain pfundt pulfer, 6 lot rossina be bina und stoß

24. Mai
22. Sept.

---

10. In der Handschr. 'und muest alle sachen verstan'.

1. S. zur Gesch. des Luginsland R.
Hoffmann 'Die Thore und Befesti-
gungen der Stadt Augsburg von dem
10. bis zum 15. Jhdt.' in der Zeitschr.
des hist. Ver. für Schwaben und Nbg.,
Jahrg. 1886, wo S. 37 von dem Wieder-
aufbau des im Jahre 1499 durch einen
Blitzstrahl beschädigten und zum Teil
zerstörten Turmes die Rede ist. Vgl.
Rem S. 29.
2. Georg Vetter 'von den Herren'
und Hieronymus Imhof (Zunftmeister
der Kaufleute) 'von der Gemeinde' waren
in allen Jahren mit gerader Zahl von
1514—1532 bezw. 1534 Bürgermeister,
in den dazwischen liegenden Jahren bis
1533 Baumeister.
3. Das alte Rathaus wurde um diese
Zeit umgebaut und erweitert. (S. Buff,
Augsburg in der Renaissancezeit, Bamberg 1893 S. 20 ff.) — Der Rat be-
schloß die Außenwände mit Fresken be-
malen zu lassen und beauftragte den
Stadtschreiber Dr. Konrad Peutinger ein
Programm für diese auszuarbeiten. Dieser setzte sich hiezu mit Kaiser Maximilian
in Verbindung, dessen Bescheid nicht erhalten ist. Die Malereien, über die keine
literarischen Nachrichten vorhanden sind,
stellten Schlachtenszenen und genealogische
Figuren dar, wie aus einer aus dem
Jahre 1618 stammenden Radierung Peter
Zimmermanns ersehen werden kann,
welche den Perlachplatz und einen Teil
der Maximiliansstraße darstellt (Dörnhöffer S. 22). — Ulrich Abt ist einer der
bekanntesten Augsburger Maler. Ulrich
Maurmüller trat (nach dem Malerbuch)
im Jahre 1498 bei diesem in die Lehre,
erhielt 1502 die Malergerechtigkeit, befand sich 1518 in Diensten der Stadt
und starb 1546. Über seine Tätigkeit als
Maler an städtischen Gebäulichkeiten s.
Hoffmann, l. c. S. 38 Anm. 1. —
Vgl. Rem S. 63; bezüglich der Bezah-
lung der Arbeit s. ebenda Anm. 3.

[es] burcheinander[1], so thůts nur ain schw[2]. bamit schießt man ainem haimlich das leben ab. aber es ist verpoten auf leib und guet nit zethůn.

Item im raisigen zug was Wolf von Freyburg mit zweien pferden und Cristoph Echem mit funf pferden und ain Dachs mit zweien pferden und Laur Rasenspurger mit dreien pferden und Hans Pentzenaw mit vier pferden[3].

1520.

[5[a]] Item 1520 am 22. tag april, an ainem sambstag, furet man aus Jorgen Mair, ben man nennet Ulmer, der hucker zunftmeister[4], ain brauchsamer mann in den weltlichen gescheften, het vil ämbter von der stat. het rath und recht besessen 31 jar, het vil abtragen und seltzam henbl gebraucht lange zeit, was gewaltig in seim sinn gewesen. hett der stat und dem gemeinen seckl straff= und puezgelt abtragen und vil böß henbl triben. hett auch ain grossen lust und freud gehabt, die armen in den eisen zů fragen und zů peinigen mit seltzamer marter und fragstuck gebraucht für ander ratsherrn, darumb man im gab für andern [für] den zůgang an die wag 16 fl ain jar[5], darumb man im abholb war und kain biberman mehr wollt mit im nit vil zů schaffen haben, baß er widerumb darvon gelassen warbt. da warbt man nachmals von tag zů tag sein bieberei innen, und hett mit aigen biernen zů haben vil böser henbl lange zeit getriben. hett die leut umb gelt beschissen. also warbts offenbar. da was niemant, der ain barmhertzigkait mit im hett. waren vil leut fro, daß er an galgen kam. also henglet man in; gieng aus und redet mit niemant nichts.

22. In der Handschr. 'kain barmhertzigkait'.

1. In den gleichzeitigen Büchern über Pulverbereitung, Feuerwerkerei usw. sind verschiedene Rezepte zur Herstellung von schwach knallendem Pulver enthalten (z. B. im Cod. germ. 399, Bl. 49 der Münchner Hof= u. St.=Bibl.), doch vermochte ich das im Texte angegebene nicht zu finden. — Ein Gewehr, mit solchem Pulver zu laden, besaß Benvenuto Cellini (III. Buch, 3. Capitel), der damit auf Pfauen schoß. 2. Offenbar Nachahmung des Zischlautes, den das Pulver statt eines Knalles verursachte. 3. Hier ist etwas ausgefallen, nämlich die Angabe, bei welcher Gelegenheit die Genannten 'im raisigen Zug' beieinander waren. Vielleicht handelt es sich um die berühmte Zusammenkunft Maximilians mit Ladislaus, König von Böhmen und Ungarn, im Jahre 1515, bei welcher der Kaiser von 600 auf Kosten des schwä= bischen Bundes gleichmäßig bekleideten Fußknechten und einer Anzahl aus vor= nehmen Geschlechtern stammender Männer und Jünglinge begleitet war. — Oder handelt es sich um einen der zwei Züge des schwäbischen Bundes gegen Herzog Ulrich von Württemberg im Jahre 1519? 4. Vgl. Sender S. 146; Rem S. 126; Gasser=Werlich, III S. 2. Die Hinrichtung geschah am 21. (nicht 22.) April, einem Samstag. Nach dem in der Urgichtensammlung aufbewahrten Urteil hat Mayr 'diser statt gemain güt vilmaln abgetragen und verstoln'. 5. Bestätigt durch Einträge in den Baurechnungen.

1523.

29. Sept.   Item im jar 1523 umb Michaelis hat der bischof von Augspurg,
ainer von Stabion, herr Caspar Abler von Augspurg hinweg gen Dil-
1.—7. März lingen gefuert[1]. unb ist gelegen bis in die andere vastwochen.
unb hat mit im gehandlt wider das wort Gottes unb euangelion, hat 5
im genomen seine buecher — ain bibl, euangelion, Paulum — unb
barnach das bistumb unb stat Augspurg verpoten. warbt für in burg
Bastian von Freiburg, Anthoni Rudolf, Jeronimus Rhem unb Ambrosi
Müller, ain jetlicher umb hundert gulden. warb barnach zu Oberhausen,
wie er von Dillingen kam, unb dorft nit herein. da kam Bastian von 10
Freyberg unb furt in widerumb herein.

Also hat vil volck die fasten fleisch geessen unb ire, [der pfaffen], gsatz
prochen.

1524.

[5ᵇ] Item im jar 1524 am 9. merzen ist hie eingeritten ain cardinal von Rom unb zum Fugger gelegen. man hat im kain ehr erboten, 15
weder mit kirchen breng noch entgegenreiten, unb ist still herein komen[2].
er ist underricht worden, daß man mer wurd sein spotten dann seuftzen.
man hat in geschickt auf den reichstag gein Nürenberg. also ist er da bliben
zwen tag unb hat da gebatt. unb da er hinaus zogen ist, hat man im
das glaibt geben mit scharwachtern unb schergen, damit daß der heiligkeit 20
nichts geschech 2c.

Item auf den 8. tag mai unterstunden sich etlich gesellen mit namen

---

1. S. hiezu Roth, A. K. G.,
I S. 123. — Im Augsburger Stadt-
archiv, Abteilung 'protestantisches We-
sensarchiv', hat sich ein Aktenkonvolut
erhalten, welches die vom Rate mit dem
Domkapitel und dem Bischof wegen der
Gefangennahme Ablers geführten Verhandlungen bis zum 6. Oktober enthält.
Wann Abler aus der Haft entlassen wurde,
wußte man bisher nicht. — Antoni Rudolf
später (1535—1538) Zwölfer in der Zunft
der Kaufleute, 1538 unter die Geschlechter
aufgenommen, dann Mitglied des kleinen
Rates bis 1548 und des vom Kaiser in
diesem Jahre eingesetzten Rates, † 1560;
Hieronymus Rem, der Sohn des Augsburger Chronisten Wilhelm Rem; Ambro-
sius Müller, später (1533—1548) Zwölfer der 'Bierpreuen'. — Sebastian von
Freyberg, ein Sohn Christophs und dessen

Gattin Amalie von Schwartzenstein, ein
Bruder jenes Onufrius von Freyberg,
dessen Gemahlin Helena als Wiedertäu-
ferin verfolgt wurde, und dessen Sohn
Pankraz als einer der Führer der protestantischen Landsassenopposition in Bayern
unter der Regierung Herzog Albrechts V.
eine Rolle spielte. Sebastian war 'Inwohner' (nicht Bürger) in Augsburg und
ist bekannt als Gönner des 'lutherisch'
gewordenen Inslassen des bortigen Karmeliterklosters unb des 'Täufers' Hans
Denk. (Roth, l. c. 136, 223). Hund t
weiß in seinem bayerischen Stammenbuch
(Ingolstadt 1586), II S. 99 nur zu berichten, daß er 'ein teutscher Herr' gewesen und in Preußen gestorben ist.

2. Vgl. Sen der S. 154. — S.
Roth, I S. 156.

Bartlme Důchheffter, ain maler, und Hans Berringer, weber, Ulrich
Reichsner, weber, Sixt Saur, ain rechenmaister, und ein taschner das
weichwasser zun parfuesern, dergleichen das salz den munchen weihen
zů weren. hett der munch gesagt, er wöll den lutterischen seüen und
5 půben den weichprunnen segnen. also hat ainer gesagt: 'herr, laßt diß
wasser heut ungeweicht oder leset uns teutsch, daß wirs auch versten, oder
laßts unterwegen!' also hat ers nit thůn wollen. darauf hat im ainer
das buech zuckt und ins wasser geworfen. da hat er das salz darboten;
hat das ain anderer auch hinein geworfen. und hat ainer das buech
10 heraus zuckt und hats mit den zennen zerreißen wollen. da hat ers nit
konnen zerreißen, dann es ist pergamen gewesen, und das zerschniten und
barnach unter die leut geworfen¹. da ist ein groß mumeln unter dem
volck worden. also hat man nach mittag die unverhort gewaltigclich in
gefencknus geworfen. und man hat denselbigen tag auch den Nesli,
15 schuester, ausm kloster genomen und in gefencknus geworfen, welcher aufm
kirchhof zů Unser Frauen die epitavien mit blůt beschissen hett².

Da hat ain rath den pfaffen ain grosse sterck gemacht. also ward in
solchem vahen der gmain mann aufruerig und redten nichts gůts darzů,
[6ᵃ] wann sie, [die vom rat], euangelisch sein wollten und halten die gebot
20 Cristi und die vasten fleisch essen ꝛc.; dann ein rath selber brief ließ ausgeen und die unter den thoren und auf den stuben ließ anschlagen, auch
solchs predigen, dem gotswort nachzůkomen. so bedorft man nit also
strengllich mit der gmain faren; doch die armen miessen vornen dran,
wann das reich der himel ist nit von diser welt. aber ein gewaltiger hat
25 gesagt, er schieß in das euangeli ꝛc.³.

Da ließ man zů nacht vil im harnasch geen, und was die sorg groß.
also am 10. tag da ließ man Sixten Saur und Ulrichen Reichsner⁴ 10. Mai
aus, dann sie waren an solchem nichts schuldig, aber etlich burgermeister waren inen feindt, wann sie waren guet euangelisch. und der
Ulrich Reichsner machet etliche buechlen, da waren im die pharifeer und

---

1. S. zu diesem Vorfall (am 8. Mai)
Roth, A. R. G., I S. 159. Die Thäter
waren Bartholomäus Nußfelder oder
Tuchhefter und der Taschner Franz La-
minit. — Vgl. Gaffer-Werlich, III
S. 6. — Die Urgichten Nußfelders und
Laminits, dann der Weber Hans Pe-
ringer und Ulrich Richsner sowie des
Rechenmeisters Sixt Sauer, die dem Rate
als Mitwisser der Sache angegeben wor-
den waren, haben sich in der Urgichten-
Sammlung erhalten. Sie bestätigen im

wesentlichen die Erzählung in unserem
Texte.
2. Der Unfug trug sich zu in der
Nacht vom 12. auf den 13. April. Jörg
Neßlin floh in die Freiung von St. Ulrich.
S. Roth, l. c. S. 156. Vgl. Sender
S. 155; Gaffer-Werlich, III S. 6.
3. Dieser 'Gewaltige' war Raimund
Fugger, wie Rem S. 204 berichtet.
4. Über Ulrich Richsner, den Verfaffer
von Flugschriften, s. Roth, l. c. S. 135ff.
u. S. 148 Nr. 99.

die grossen wücherer und die unverstendigen, groben biltzhuet[1], der keiner nie kein buchstaben gelesen hat, deindt.

Nachmals ließ man Bartlme Düchheffter aus[2] und verpot im die *15. Mai* stat; der Berringer, weber[3], lag bis nach pfingsten; das geschrai war, er hett zu weit gesagt. also verpot man im die stat und furet in hinaus und nimer herein.

22. Mai Acht tag nach pfingsten rueft man aus: welcher den verriet, der das sacrament zun bruedern gestolen hett, dem wollt man 50 fl geben, und dem, ders west und nit anzaiget und ain anderer in dargebe, dem wollt man auch 50 fl geben[4]. und weiter: welcher mehr aim prediger zuredt nach der predig, er redt lügen oder tandtmeer, den wollt ain rath strafen an leib und guet.

Item im 1524 da ward gemacht und gehandlt mit kai. mt., fürsten und herren, man sollt mit den stetten handlen, die da hielten das euangelion und wort Gottes, daß sie solcher leere abstuenden, oder man wollt sie in die acht thun, mit namen Augspurg, Straspurg, Nürnberg und Ulm. da ward vil angericht. [6ᵇ] es kament etliche mandata[5], man wollt

1. 'Filzhut' oder 'Spitzhut' Spottname für die Zunftmeister; die Patrizier wurden von diesen als 'die großen Hansen' bezeichnet.

2. Strafbuch (1509—1526): 'Auf den vierzehenden tag anno ꝛc. 24 hat ein erber rat erkennt, daß Bartholme Nußfelder, glaser, umb sein verhandlung, daß er an ainem sontag sich understanden dem munch zu den Parfuessern das buechlin, daraus er gewonlich das wasser geweihet, aus der hand genomen, in das wasser geworfen und anber unschicklichait begangen hat, die stat Augspurg und derselben ether sein lebenlang verpoten sein, und, obgleich grosse furbeth von seinen wegen beschehen wurden, nit mer darein komen soll, er hab dann zuvor 2 öfen stain entricht und bezalt.' — Nußfelder wird diese Anklage wohl erfüllt gehabt haben, als er sich um 'Fürschrift' an den Kurfürsten von Sachsen wandte. Er erhielt sie (Urkunde im Reichsarchiv) und wurde daraufhin am 16. März 1525 vom Rate begnadigt.' Roth, l. c. S. 159 u. 184 Nr. 16.

3. Ebenda: 'Sodem die (25. tag mai) hat ein erberer rath erkennt, daß Hansen Beringer, weber, umb sein verhandlung und reden, so er ains sonntags bei dem welchpronnen laut seiner urgicht gethan,

die stat und derselben ether verpoten werden und sein lebenlang nit mer darein komen solle on erlaubtnus ains erbern rats'. Die 'Rede', die er gethan haben soll, war: Er habe oft im Sprichwort gehört, 'ain convent were mer weber ain abbt', und das gebe Aulaß zu der Frage: 'Ist ain burgermaister mer weber ain gemain?' Diese Worte, die er in seinen Verhören (am 8., 10. und 11. Mai) vergeblich zu 'verflügen' suchte, wurden ihm als 'aufrührerisch' ausgelegt.

4. Langenmantelsche Chronik, Bl. 479ᵃ: 'Diß jars (1524) da ward das sacrament zue sant Anna zue Augspurg gestollen, das stund in des Dreyers altar. alspalds ein rath innen ward, da ließ ein rat ein offenlichen berueff thun: wer mit grund anzaiget die thetter, dem wollt man 100 fl geben, wa er betretten wurde, und ob er nit betretten wurde, 50 fl. und ob sach were, daß derselb antzaiger auch ein thetter und bei der sachen gewesen, solle er nichts dester weniger das gelt haben und darzue aus sorgen gelassen werden. aber es ward nichts antzaigt, und es geschachen vil reden.'

5. Der Chronist meint hier die Verhandlungen auf dem Reichstage zu Nürnberg im Jahre 1524, dessen Abschied die möglichst pünktliche Befolgung des Worm-

sie aber nit annemen oder nit darzů sein, und ward vil in einem rath und
hart gehandlt, wann etlich waren kaiserisch und vil euangelisch. und war
die gemain guet, das gesetz gottes anzůnemen und das menschlich abzů-
tretten. da wollten die geistlichen und teuflischen also wietig werden, daß
5 man nichts von iren menschlichen, bapstlichen gesatzen mehr wollt halten,
wann man wollt nimer opfern noch meß friemen, besingknussen leuten,
weder vigil stiften noch umb leibpfenning nichts geben; dasselb geschwuren,
das ward von vilen gehalten. es fiengs burgermeister Rechlinger[1] an und
ander mehr; allein der arm hauf volgt nach, wie Cristo geschach in seinem
10 leben auf erden. da waren all verstockt blindenfierer und die gsatzglerten
der schrift wider Jesum, daß man im [nit] glauben gab und dem ewigen
leben anhieng. also geschicht noch denen, die Cristum nachvolgen, die
veracht und stöckt man.

Item nach annemung der mandaten, so zů Regensburg ausgangen, so
15 sandt man die in etlich stett, als die von Ulm und [ander][2]. da ist zů
Kentzingen [ein] gerichtschreiber gewesen [und] ain briester, ist ain brediger
gewesen, der das euangelium verkundt[3]. hat man nach im wollen greifen
und vahen; ist der gerichtschreiber mit andern burgern, bis in 200, auf-
gewesen und haben dem pfarrer das glait gein Strasburg geben[4]. da sie
20 widerumb haim sindt komen, da hat man inen hinweckboten und genomen
alles, das sie haben, und ihren weib und kindern bei leib und guet verboten
nichts zů geben, weder haller noch pfenning werdt. da sindt sie gein
Strasburg zogen, sich alda zů unterhalten. da hat der gerichtschreiber
vormals zů Strasburg gesehen und gehort das cristlich leben da und sich

ser Edikts besahl, und die reaktionären Be-
schlüsse der 'Regensburger Reformation'.
Von dem Anschlage kaiserlicher gegen
das Evangelium gerichteter Mandate s.
Roth, A. R. G. S. 109 Anm. 35. Rem
S. 211 ff.

1. Ulrich Rehlinger, Bürgermeister
'von den Herren' in allen Jahren mit
ungerader Zahl von 1521—1535.

2. S. hiezu Friedensburg, Der
Regensburger Convent von 1524 (Historische Aufsätze, dem Andenken an G.
Waitz gewidmet, 1886). Über die Drucke
des Edikts ebenda S. 525.

3. Der Prediger war Jakob Otter.
S. zu den im Texte erzählten Vorgängen
in Kenzingen (an der Elz, nordw. von
Freiburg i. Br.): Keßler, Sabbatha in
den Mitteilungen des hist. Ver. zu St.
Gallen, Jahrg. 1866 S. 241. — Keim,
Eßlinger Ref.-Blätter (Eßlingen 1860)

S. 86; Bosserts Art. 'Otter' in der
Realencykl. s. prot. Th. 3. Aufl.; Su-
sann, J. Otter (Freiburger Diss., Karlsruhe 1892) S. 23 ff. — Katharina, die
Gattin des Straßburger Pfarrers Matthäus Zell, veröffentlichte ein auf diese
Dinge bezug nehmendes Schriftchen: 'Den
leydenden christglaubigen weyberen der
gemain zů Kentzingen, minen mitschwe-
stern in Christo Jesu zů handen.' Am
Ende: 'Katharina schützin, ein ehegemahl
Matthei Zell'.

4. Der Weggang Otters von Kenzingen erfolgte am Freitag, dem 24. Juni
1524; er zog ab, 'damit niemand seinet-
wegen, wiewohl wegen des göttlichen
Wortes, beschädigt und verderbt werde'.
Der Stadtschreiber befand sich nicht unter
den ihn begleitenden Bürgern, sondern
war in Kenzingen zurückgeblieben.

auch verſehen, in baiderlai geſtalt zů empfahen, wie uns Criſtus hat auf-
geſetzt. da hat in der landtvogt in gefencknus [7ª] gelegt und von ſtunban
den kopf laſſen abſchlahen[1]. und da er iſt geweſen am niderknien, da hat
man zů im geſagt, ob er noch wolle des gmuetes und glaubens ſein, wie
in ſeine eltern haben gelert, wann er müßt ſunſt ſterben, damit friſt er ſein   5
leben. hat er angefangen zů lachen und hat geſagt, das woll Got nit, mein
herr, daß ich von Criſto abfall und weich, wann er wiß, daß das euangelium
und wort Gottes kumen ſei in die welt uns zum hail und ſicherung zum
ewigen leben, daß das gewiß ſei allen glaubigen criſten, darauf will ich
frölich ſterben und hab umb Got nie verdient umb ſeinetwillen zů ſterben.   10
alſo hört ir armen und brueder: 'iſt ſach, daß eur glaub, den ich auch gehabt hab, gerecht iſt, ſo wirdt mir der hencker das haubt mein in ainem
ſtraich abhauen; iſt aber der mein gerecht, ſo wirdt er mich mer martern,
und zum zaichen will ich den gerechten fueß über den lincken ſchlahen. damit ſeit frölich, das walt Got. herr, ich ſag dir danck ewiglich!' alſo iſt   15
alles geſchehen, das er geredt hat.

Item am ſechſten tag auguſti iſt die gmain für ain rath zů Augspurg
geloffen[2], mer dann ſechshundert man, und begert den prediger zun bar-
fueſen[3] widerumb herzůſtellen, das wort Gottes zů predigen, inen das
euangelium und die ſchrift zů unterweiſen. und haben ain ſupplicacion   20
in ain rath geben[4], das ward inen kurz zum erſten abgeſchlagen vom
burgermeiſter Imhoff[5], und ain rath wurd ain groß misfallen darob
haben, und man wurd inen ſolchs nit geſtatten. alſo wolten ſie ſich nit
laſſen abtreiben und kamen hinauf bis in 1200 man, und ward lautbar
in der ſtat, da lieſen alle menſchen zů, und ward ſich der hauf meren,   25
und wurden je halsſtarriger, daß das rathaus vol ward.

1. Der Stadtrat von Freiburg be-
ſetzte im Namen der öſterreichiſchen Regierung zur Unterdrückung der 'Ketzerei'
am 4. Juli das Städtchen, worauf ſieben
der 'Hauptſächer' nach Enſisheim abge-
führt wurden, während der Stadtſchreiber
am 7. Juli auf dem Marktplatze von
Kenzingen den Tod durch das Schwert
des Henkers erlitt.
2. Hier iſt wieder etwas ausgefallen;
denn es iſt vorher nirgend von der 'Ab-
ſchaffung' des Predigers zu den Bar-
füßern die Rede geweſen. — S. zu dem
'Auflauf' Vogt 'Johann Schilling, der
Barfüßermönch, und der Aufſtand im

Jahre 1524' in der Zeitſchrift des hiſt.
Ver. für Schwaben u. Nbg. Jahrg. 1879
S. 23 ff.; Roth, A. R. G. I S. 155
und die dort angegebenen Quellen. —
Vgl. Sender S. 155 ff.; Rem S. 204 ff.;
Gaſſer-Werlich, III S. 6 ff.
3. Johann Schilling, Leſemeiſter u.
Prediger im Franziskaner-(Barfüßer-)
Kloſter zu Augsburg, der auf Betreiben
des Rates von ſeinem Provinzial abbe-
rufen worden war.
4. Dieſe 'Supplication' erfolgte mündlich durch einen Ausſchuß von zwölf Mann,
die von der Menge abgeordnet wurden.
5. S. oben S. 22 Anm. 2.

Also gab inen ain rath die antwurt, man wollt in doctor Urban
geben, bis man dem provincial schrib, daß er ain andern schicket, der als
guet wer als der [frühere] und besser der schrift erfarn[1]. da hueben sie an:
welcher den leßmaister haben wollt, der sollt ain arm aufheben. da schrieen
5 sie all: 'wir wollen den munch haben!' und wardt ain groß gedem im volck,
und kurtz, sie wollten den munch haben und kain anders.

Da saß ain rath [7ᵇ] in der gewaltigen sach darob, ehe daß man die
antwurt heraus gab, bis ain viertl uhr nach zwelfen im tag von morgen
an. also ward er inen widerumb geben zů predigen und [von inen] darzů
10 verlangt, so sach wer, wa ainer sich zů vil mit reden oder in ander weg
het verschossen, das sollt nimmermehr zů keinem argen herfurbracht werden,
weder kurtz noch lang; alsdann wolten sie auch ainem rath willig und gehorsam sein mit leib und guet, als fromen mitburgern zůstuendt. da ward
solchs alles zůgesagt von einem rath[2], das zů halten. also wurden alle die
15 fro, die dem euangelio und dem wort Gottes anhielten. und umb des willen
macht man ain spieglfechten vor dem volck, als hett im der oberst geschriben[3]. das volck verstiende sich darauf, wann man weßt wol, welche
die waren im rath, die also wider das euangelion fachten und [es] unter-
druckt hetten. da wollt sich das volck nit lassen abkern und versaßen die
20 stieg im rathaus, kain vom andern zů lassen, man muest in wider geben.

Item am erichtag darnach da ward aber ain geschrai, wie daß
sie wolten widerumb für rath laufen und sich understeen und begern,
daß man inen den Bartlme Rem[4] und ain kürsner[5], was lang in eisen
gelegen von wegen ains alten, durchlöcherten, durchtriben scherben, wie
25 das geschrei offenlich was, darvon on not zů schreiben ist. und wolten,
daß man den roten munch zun predigern[6] hinweck thett. da ward gerat-

9. Aug.

4. Handschr. 'schriern'.   10. Handschr. 'versprochen' statt 'verlangt'.

1. S. die Antwort des Rates in dem
von Peutinger über den Vorfall im Rats-
buche eingetragenen Bericht, gedruckt bei
Bogt, l. c. S. 22. — Der genannte
'doctor Urban' ist Dr. Urban Rhegius,
der sich damals als Privatmann in Augsburg aufhielt.
2. Ebenda.
3. Die Ursachen, warum der Rat den
Mönch entfernen wollte, s. bei Bogt
S. 23.
4. Bartholomäus Rem lag wegen eines
kaufmännischen Rechtshandels und einer
damit im Zusammenhange stehenden Ge-

walttat seit 1522 im Hl. Kreuzturm gefangen. S. zu diesem Rechtsfall Sender S. 146 ff., vgl. Rem S. 207.
5. Eine nicht ganz klar liegende Sache.
In den Forderungen, die man beim Rate
vorbringen wollte (gedruckt bei Bogt, l. c.
S. 19 als Beil. IV) heißt Punkt 7: 'Den
kürschner aus den eisen zu lassen'. Von
diesem Kürschner berichtet Rem S. 207
und die Langenmantelsche Chron.
(Roth, A. R. G. I S. 185 Nr. 37).
6. Der bekannte D. Johann Faber,
Prior des Augsburger Dominikaner-
klosters.

schlagt, daß ein jetlicher zunftmeister sollt die dapfern in seiner zunft biten, mit ir wehr und harnasch verdeckt zum rathaus zü komen[1]. da solchs geschach, da sprachen die andern, wie man das mainet und inen nit auch saget; sie sehent wol, es wollt über sie geen und uber die armen rotten.

Also, da man nun versamlt war, da kamen die burgermeister mit samt den haubtleuten lang Caspar [und] Michl Fressenmair[2] und hielten den burgern von zunften ain sprach fur, wie daß sich ain rath unterredt hett, wie guet wissen were, ain versammlung des volcks widerumb für rath [8ᵃ] zü laufen; in was gestalt sie komen wurden, wer inen nit wissent, darumb ain ersamer rath sie hett lassen beruefen, damit nit mehr aufruhr entstiebt und ain rath vergweltigt wurd; auch damit ain rath sich zü inen versehen möcht, wo sie komen und wolten etwas, das wider ain ersamen rathe und die löblichen stat were, furnemen, welchs inen dann zü grossem unrath möchte komen und daraus schaden entsteen, damit solchs vermiten wurdt. weiter, die sach, die sich am sambstag vergangen verloffen hett, diejenigen, so aufm rathaus weren gewesen, beruerend: was inen damals ain rath zügesagt hett, solche sachen nimer zü efern oder zü gedencken, das wollt inen ain rath halten. auf solchs, wem das gefiel, der sollt ain handt aufrecken. das geschach.

Da verordnet man das volck aufs rathaus, auf trinckstuben, pecken haus, metzgerhaus herunden [und] darvor. die schuester, schneider und pier schencken waren verordnet im zeughaus beim katzenstabl, solchs zwuschen acht und neun uhr. da gieng ain rath zůsamen und büten nachmittag umb ain uhr in grossen rath. all bieweil was jederman im harnasch. doch am morgen umb neun uhr macht man ain kreiden mit holderlaub aufzüstecken; ainer nams an, der ander nit.

Da nun ain rath beieinander waren bis zü funf uhren[3], da kam ain geschrai, daß die im zeughaus das geschütz [nit] wolten [lassen] heraus fuern, dann sie westen nit umb die kreiden, es war inen nit geben worden[4].

Margin notes (left): 6. Aug.

---

23. In der Handschr. 'das geschütz wolten heraus fuern'.

---

1. Vgl. Rem S. 206.
2. Der 'lang Caspar' (Caspar Reger) und Michael Fressenmair sind in den Baurechnungen dieser Zeit unter den 'Ratsigen' eingetragen und wurden als Hauptleute der gemeinen Söldner verwendet. Die Besoldung Regers betrug 200 fl., die Fressenmairs 140 fl.
3. S. zu den Ratsverhandlungen am 9. August Peutingers Bericht, l. c. S. 22.

Sprecher des kleinen Rates zum großen war eben dieser Peutinger.
4. Der Rat wollte das schwere Geschütz aus dem 'Katzenstabel' — dem alten Zeughaus — holen lassen, um es an geeigneten Orten aufzustellen, aber die dort postierte Mannschaft widersetzte sich hiemit Beauftragten, da sie von diesem Befehl nicht verständigt worden war. Vgl. Sender S. 158, den Bericht eines

da kam die plag Gottes, daß wir nit weßten, was wir thun sollten, dann unser vernunft ware uns entgangen. es lief ain rath von einander, als wern die veind schon vor der stat und darinnen, und haim dem harnasch zue. da kam ein geleuf auf den Berlach, daß man die leben züthett, und
5 warf die hutten umb und raumet sie hinweck, und war ain solchs ding, daß niemant weßt, wie oder wo oder gegen wem. ward mue abzůstillen. da war ain hauf gegen dem andern unstellig und kein ordnung darin. da liessen die herren den Cristof Herwart mitsambt etlichen zů fueß in das zeughaus, die sach zue erfarn, da was nichts an der sach, allain daß sie [es]
10 verwarlost hetten mit der losung, die was inen nit anzaigt worden [8ᵇ]; das was der auflauf.

Da fuert man herein sechs stuck notschlangen uber den Berlach und in hoff hinder zů sandt Moritzen, da ward der lerman gestillt und zů friden gebracht. das geschach umb sechs uhr zů abent. also danckten die
15 herren dem volck und hiessen jederman an sein ruhe geen.

Da versamlet ain rath zůwachen von zunften mit grosser muße, und am morgen bestellt man vil knecht¹ [und beschloß], die auf dem rathaus am sambstag zůvor in der versamlung waren gewesen oder hinauf und hinab waren gangen, derselbigen kain anzůnemen, wurden all ausge-
20 schlossen². damals erhůb sich ain neus geschrai; ain rath het inen zů-gesagt, die sach nimer zů gedencken, und [sie sei] zů gůtem komen und hin-gelegt worden. und war ein groß gedem im volck. also bestellt ain rath bis in 500 mann zůwachen, auch auf die thuren. und ward grosse sorg im grossen rath, damit man nit widerumb zůsamen keme. und man sach nie-
25 mant, der nur ain krumb wort darzů gesagt oder geredt hett, aber Got wolts also haben.

Aber die im garten waren gewesen, die mumleten haimlich wie ain wetter, das still ist. also waren irer etliche regirer zum wein gewesen und hatten auch solcher sachen halben geredt, mit namen ain weber Ulrich
30 Speisser, mer ain weber, hieß Karg, und ain kürsner, Pauls Westermair genant³. also macht ein rath nit lang mist mit inen. am 15. tag septembris furt man am morgen zwuschen 7 und acht uhrn den Speisser eilendt her-

(Randnotiz rechts: 6. Aug.)

---

ungenannten Chronisten bei Vogt S. 27 ff. Preu legt dem Vorfall viel größere Bedeutung bei, als ihm zukommt.

1. S. Peutingers Ber., l. c. S. 23.
2. Vgl. Rem S. 207.
3. Die drei heißen: Hans Speiser, Hans Kag und Paulus Kissinger. Zur Hinrichtung der beiden erstgenannten vgl.

Senber S. 159, Rem S. 208. Der 'Bernf' Kags, der dessen Verbrechen auf-zählt, ist gedruckt bei Vogt, l. c. S. 20, Beil. V, der Speisers, der wahrscheinlich den gleichen Wortlaut hatte, fehlt. Ihre Urgichten sind gedruckt bei Roth, A. R. G., I S. 190 ff.

auf, unwissenhaft dem volck, und gerad vor der rathstieg und sandt Peters-
kirchenthür niderkniet, und den kopf herab gehauen. und den andern mitsampt den söldnern und den bestellten raißknechten auch herauf gefuert und
auch den kopf herab gehauen. man hat kein sturm geleut, ist still zugangen,
ehe man von der predig gangen. sie waren die rechten! aber die grossen, 5
die im garten sindt gewesen, haben nit namen bis zu seiner zeit, als man
wol innen wirdt. also ward dem richter bevolhen, daß er kain reden sollt
lassen, ehe sollt er in zu stucken zerhauen. also [9ᵃ] hat man nie können
wissen noch gedencken, warumb das unerwarnung der armen leut geschehen,
da man dann sunst pfligt ain rechttag anzusetzen, wie der brauch ist. 10

Da man den Kargen herauf hat gefurt, da hat er den hencker gefragt,
was man mit im wöll anfahen. da hat er gesagt: 'richt dich darnach, du
mußt sterben'. da ist im all sein kraft entgangen, und nur niderkniet auf
ain sandt, und den kopf herabgehauen; [man hat im] kain wort zugesprochen, minder dann ainem viech. das ausriefen ist lang gewesen: 15
nemlich, wie daß sie Got gelestert und haben wöllen aufruhr machen, haben
etlich zu inen berueft und aim rath ubel nachgeredt. darumb hat man
mit inen also gefarn.

Sind zwen man gewesen, der Speiser 57 jar und ain elendt, arm-
selig mensch, frum und euangelisch; hat kaum 6 fl werth im haus und ain 20
alte frau, kain kindt gehabt. der Karg, ob 68 jar und auch kaum über
10 fl werth. sie sindt die ersten neuen cristen zu Augspurg gewesen zu der
entlichen verfolgung des jungsten tag[1]. es faren kleine micklin [dahin],
aber der grossen heubter [einer], die ins euangelion schissen[2] und ins testa-
ment und Paulum verspotten, der hat mügen reden, was er will, er sei als 25
wol ein mensch gewesen als wir. dieselben pharisaer, die sind die gwal-
tigen, und trutz, der in sagen dörf, wie vils geschlagen hab.

17. Sept. Darnach am 17. tag herbst da strich man den kürsner aus, hies
Paulus Westermair, und war sein ausruef[a], er het Got gelestert und hett

---

2. 'Mitsampt den söldnern und den bestellten raißknechten' in der Handschr. versehentlich am
Schluße des Satzes nach 'gehauen'. 8. In der Handschr.: 'also hat man nie können wissen
noch gedencken, unerwarnung der armen leut, warumb das geschehen, wie man dann sunst
pfligt' ꝛc. 24. In der Handschr.: 'aber die grossen heubter'.

---

1. S. hiezu Keller, 'Die Anfänge
der Reformation und die Ketzerschulen',
Berlin 1897 S. 15 und Keller, 'Johann
von Staupitz und die Anfänge der Reformation', Leipzig 1888 S. 225, wo
Karg und Speiser als Häupter der Augsburger Waldenser bezeichnet werden, die

als Märtyrer ihres Glaubens den Tod
erlitten hätten. Ihre Urgichten und das,
was wir über ihre Persönlichkeiten wissen,
geben nicht den mindesten Anhalt zu
einer derartigen Annahme.
2. Sie oben S. 25 Anm. 3.
3. Dieser Kürschner hieß nicht Paulus

aim rath ubl geredt unb wer beim wein gefeſſen, het gehört von aufruer
fagen unb hett bas aim rath nit anzaigt. da gab man im fein lohn. er
was gůt euangelifch unb war auch im garten geweſen. haben all brei uber
30 fl nit gehabt. man fuhr mit gwalt; man wollt nit bas gottes wort ver-
5 bieten, aber ba leit ber has im pfeffer. Got leßt fein wort nit untergeen,
wann es ſten alle bing in feinem gwalt.

1525.

Item es iſt auf ben 3. tag mai zů Jspruck an bie kirchthur gefchlagen
worben ein brief, lautenb: Wir, [9ᵇ], ain gantze lanbtfchaft, bitten eur
10 fürſtlich gnab ꝛc., baß ſich ſoll bifchof Bernhart von Gleß, bifchof zů
Trient, unb Sprentz, bifchof zů Brichſen, unb Salamanca unb boctor
Fabri[1] in acht tagen hin vom hoff machen, ober, wo ſolchs nit gefchehen
wurb, ſo wollten ſie ſich ſelber ber fachen unterſteen. ba haben ſich bie
brei barvon gemacht. aber ber Salamanca hat ſolchs mit gwalt thun unb
15 ba bleiben wollen, ba hat ſich bie paurfchaft aufgemacht im Jntal unb
haben in zů Hall innen worben; hat bei im gehabt bis in 50 pferbt. ba
iſt bas gantz lanb aufgeweſen unb bie ſtat Hall eingenommen, baß er inen
mit harter muße entrunnen iſt mit zweien pferben. unb iſt her geflohen
zum Jacob Fugger; hat er ſich unterhalten ba bis auf ben erſten auguſto[2].
20 ba iſt komen ber fürſt von Ofterreich, hat in wiberumb angenomen zum
fchatzmaiſter; wie lang?

Item im jar 1525 auf ben 13. tag marcii hat boctor Frofch zun
weiſſen bruebern ain junckfrau genomen zů ter ehe, hat von im thon fein
orben; ba haben bie pfaffen bas verfluechteſt gerebt tarzů. wann er ſunſt

---

Weſtermair ſonbern 'Paulin Kiſſinger'.
Er wurbe aus ber Stabt mit Ruten hin-
ausgefchlagen, weil er 'Got, ben herrn, ge-
leſtert hat, wiber ben verfonbten unb an-
gefchlagen berůf in aufrurigen reben unb
fachen willn unb gefalln gehabt, bieſelben
auch gelbt'. Sein Urteil dd. 17. Sept.
gebruckt bei Vogt, l. c. S. 20, Beil. VI.
    1. Die Genannten ſinb Bernharb II.
(von Cleß), Sebaſtian II. (Sprenz), Gabriel Salamanca, ber vertraute Rat unb
Schatzmeiſter bes Erzherzogs Ferbinanb,
Dr. Johann Ffabri. S. zu ben hier in
Rebe ſtehenben Unruhen Rem S. 229 ff.;
Kirchmairs Denkwürbigkeiten in Font.
rer. Austr., Script., Bb. I (Wien 1855) S.

470 ff., insbef. S. 474 ff.; Jörg, Deutfch-
lanb in ber Revolutions-Periobe von
1522—1526 (Freib. i. B. 1851) S. 510 ff.,
insbef. S. 512. An letzterem Orte wirb
Anm. 1 bas in unſerem Texte angeführte
Pasquill erwähnt.
    2. Salamanca zog am 14. Mai 1525
von Jnnsbruck weg, begab ſich, wie es
fcheint, zuerſt nach Schmiechen (zwifchen
Mering u. bem Ammerſee), einer Fugger-
fchen Befitzung, wo er von Pfingſten
(4. Juni) an gefehen wurbe (Jörg S. 521
Anm. 10 u. S. 531 Anm. 16), bann nach
Augsburg. Dort traf Ferbinanb am
1. Dezember bes Jahres ein (Senber
S. 172).

hett ainem sein weib oder tochter genomen, so wers ain köstlich stuck gewesen. da hat er tun, was Got geboten hat und geprediget, das hat er
gehalten[1].

1527.

Item anno domini 1527 hat man zů der wal in zunften gewelt gehabt siben neu zunftmeister, die da cristlich warendt, und die andern ab-
gesetzt, etlich gar herausgesetzt[2], züvoran grob schroffen, die nichts kundten
dann backen und pauch blehen und warn voller hoffart.

[10ᵃ] Item 1527 atj. 19. april hat man ain frau gefangen gelegt mit namen Hilprendtin, ains zunftmeisters weib, hies der Finck,
ain pierschenck. dieselbig frau was dem wort Gottes mechtig wider und
den predigern, die da weiber hetten und das wort des herrn verkundigeten.
sie, gedacht, und noch eine — die was mechtig und ir schweher was ain
haubtman des punkts — sie machten ain wort von aim brediger mit
namen doctor Urban, wie in Martin Weiß hett bei seiner frauen ergriffen
und hett in in der kamer am peth erwischt; und dieselbig Martin Weissin
war burgermeisters Jorg Betters tochter. da konten die gotlosen weiber
nichts dann dem zů spott, schmach und schandt aufzůbringen und eher
abzůschneiden, damit sie vermainten, im unrath in gemainem volck zů
machen, damit er geschmecht wurd. also hat der Jorg Better und Martin
Weiß die sach nit wollen lassen ligen, und sollt im darauf all sein haab
und guet geen, bis die sach zum austrag kem, wann es was nichts an der
sach, sonder [die weiber haben] nur aus frevenlichem gemuet solchs wordt
an tag gebracht. also lag sie von der zeit her, und ward die sach still, das
aufbringen wollt nit herfür. also auf den achten tag junii da wuscht sie herfur mit der sprach, da schickt man nach der Ratolbin — was burgermeister

---

24. Handschr. 'zů bringen' statt 'gebracht'.   25. Die Worte 'da wuscht die herfur mit der sprach'
in der Handschr. nach 'schwiger' (S. 35, 1).

1. Dr. Johann Frosch, Prior der Kar-
meliter in Augsburg (bis 20. Okt. 1523).
— Vgl. Sender S. 174; Rem S. 219.
Die Hochzeit fand statt am 20. März 1525.
S. Roth, I S. 294; Schott, 'Beiträge
zu der Gesch. des Carmeliterklosters und
der Kirche zu St. Anna in Augsburg' in
der Zeitschr. des hist. Ver. für Schwaben
u. Nbg., Jahrg. 1882 S. 258 und Anm. 1
auf S. 259.
2. in der Tat trat bei den Wahlen im
Jahre 1527 unter siebzehn Zünften bei

sieben, nämlich bei den Webern, den Kra-
mern, den Lederern, den Zimmerleuten,
den Schneidern, den Schäfflern und den
Fischern in der Besetzung des Zunft-
meisteramtes ein Wechsel ein, indem von
ihnen an Stelle des 'alten Zunftmeisters'
(vom Jahre 1526), der unter gewöhnlichen Verhältnissen in der Regel zum
'neuen Zunftmeister' des nächsten Jahres
vorrückte, eine andere Persönlichkeit aus
den Reihen der 'Zwölfer' gewählt wurde.

Arzaten, war ain bundtshaubtman, schwiger —, daß man dieselbig ein-
legt an stat der Hilbrendtin, und kam sie heraus; also lag sie nit mehr
dann bis auf den 13. junii, [dann] kam sie [auch] heraus, und man legt
ein Bischerin ein und noch ein weib ains poten; sie kamen auch aus, und
blib die sach also stecken, es were uber ain hochs ausgangen [1].

Item auf den 24. tag junii im 1527 schickt hertzog Wilhalm von
Bayren am morgen zwuschen 4 und 5 uhr gein tag ob 50 pferden und zwai
falckanetlen und dreien wägen, mit puchsenschützen wol aufgeladen, [gen Le-
der], umb Leder die kirchoff belegt, die dörfer besetzt, daß man nit hat können
sturmen. das selbig volck hineingefallen in Leder. da was Ulrich Rechlinger,
derzeit burgermeister, der padet da in seinem haus mit weib und [10b] kinden. da kamen sie ans haus, unerzaigt aller eren, wie sein [des hertzogs]
gemuet was zur zeit, der Cristum und das wort Gottes durchechtet, und
sprachen, sie wolten suchen des fürsten feind, das was maister Michl, der
prediger zun Parfuesen [2] hie. dannocht half im Got darbon und kam in
ains pauren haus. da muest man inen öffnen all gemech, keller rc., was im
schloß was, hinden und fornen. das thet er im zum hochmut und [zum] trutz
denen von Augspurg, wann er was mit dem wort Gottes. da sie nichts konten ausrichten, da zogen sie den armen paurn durch das traibt, wa es am
höchsten, mit roß und wägen hinburch. das was sein bevelch, darzü er

---

1. Handschr. 'haubtmansbundt'.   9. Handschr. 'ze legen' statt 'belegt'.

---

1. S. zu dieser Sache U h l h o r n, Ur-
banus Rhegius (Elberfeld 1861) S. 140.
— Von dem Zunftmeister Fink war be-
reits oben S. 18 die Rede. Über Martin
Weiß, den Jüngern s. R o t h, A. R.
G., I S. 150 Nr. 108 und Strieder,
l. c. S. 152 ff.; R e m S. 117 ff. Er war
seit 1520 mit Barbara Vetter vermählt, der
Tochter des Georg Vetter, (s. über ihn oben
S. 22 Anm. 2). Über den Bürgermeister
Ulrich Arzt, der während dieser Jahre auch
Hauptmann im schwäbischen Bund war
und noch im Jahre 1527 starb, s. die Einleitung der von W. Vogt herausgegebenen
'Correspondenz des schwäbischen Bundes-
hauptmannes Ulrich Arzt von Augsburg
aus den J. 1524 u. 1525' in der Zeitschr.
des hist. Ver. f. Schwaben und Neuburg,
Jahrg. 1879 S. 291. — Die über Rhegius in Umlauf gesetzten üblen Nachreden
erwiesen sich als gänzlich haltlose Ver-
leumbungen, wie aus den in den Dreizehnerprotokollen des Jahres 1527 zum
Teil erhaltenen Verhören der eingezogenen
Weiber zu ersehen ist. — Die hohe Person,
auf die der Chronist hindeutet, war wahrscheinlich einer der Fugger; wenigstens
war Hieronymus Fugger an einem andern Versuch, Rhegius eines verdächtigen
Umgangs mit einer Frauensperson zu
zeihen, beteiligt (U h l h o r n S. 140).
2. Der von den Leuten des Herzogs
gesuchte 'Feind' desselben war Meister
Michael Keller, evangelischer Pfarrer an
der Barfüßerkirche in Augsburg, früher
Pfarrer in Wasserburg am Inn. Der
Besitzer des in Rede stehenden Schlosses
Leeder (bei Buchloe) war Ulrich Rehlin-
ger, Augsburger Bürgermeister 'von den
Herren' von 1521 (in allen Jahren mit
ungerader Zahl) bis 1535. S. zur Sache
R o t h, 'Zur Lebensgesch. des M. Michael
Keller' rc. in den Beiträgen zur bayerischen
Kirchengesch., Bd. V S. 149 ff. — Vgl.
G a s s e r ad a. 1527; Abelzreiter,
Annales boicae gentis (1662), Pars II,
Lib. X S. 250.

3*

weder fueg noch recht etwas zů pieten oder zů schaffen hett, sunder war
als ein wietrich, durchechtet das volck ausser und innerhalb seinem landt.

Zur zeit waren die kaufleut zů München in der bulbt[1].

Also auf den 29. tag junii[2] am morgen frue da kam maister Michl
mit aim sölbner geritten ausm Zeller pabt[3]. also verpot der furst im land 5
am Lechrain gar nichts herein in die stat zů fuern, weder wenig noch vil,
bei leib und guet[4]. das kunt sein volck nit halten, es was inen zů leiden
nit füglich. und ward sein volck mit irem herren nit zůfriden.

Item hie zů Augspurg im 1527 jar hat ain rath ernstlichen angefangen zů der wiedertaufer sach zů greifen, wann die seckt wollt zů lang 10
weren[5]. da waren etlich brueder und schwestern bei einem jar ungeverlich
haimlich bei tag und nacht in etliche heuser, gerten, stuben und stallung,
auch ain grosse zal, zůsamen komen, zů geloben und zů verbinden brueder-
liche und schwesterliche treu, mitainander zů tailen, was das wer, gueter
und gelt. darunter warent reich und arm, aber vil mer arm, das nit vil 15
hett zů verlieren. und etlich verkauften iren harnasch, wehr und werck-
zeug und wollten also warten, sich [11ᵃ] von dem mittailen der leut ernern und wolten das wort des herren verkunbigen und ließent weib und
kind sitzen.

Da nun ain rath sich der sach wol erkundigt hett, da fieng man 20
ain maurer, hies Hans Kißlin, und ein pfaffen, hett ain weib, hies Jacob,
zwen zunftmeister — Laur Haffner [und] ain hucker, hieß N. Wibholtz —
ain burger, hies Eitlhans Langenmantl, ain kürschner, ain wegler, was
ein munch gewesen zun bruebern. die lagent in eisen.

---

1. Auf der Jakobikult (25. Juli).

2. Es wird heißen müssen 'julii' statt 'junii' (S. Anm. 1).

3. Liebenzell.

4. Solche Verbote der Ausfuhr an Getreide oder Vieh ergingen öfter, wenn Mißwachs oder Not an Schlachtvieh herrschte; doch gab dann und wann auch eine bei den Herzogen gegen die Stadt erregte Mißstimmung hiezu Anlaß. Diesmal mag, da großer Fleischmangel war, beides zusammengewirkt haben.

5. S. hiezu Roth, A. R.-G., I S. 218 ff. und Roth, Zur 'Geschichte der Wiedertäufer in Oberschwaben' in der Zeitschr. des hist. Ver. für Schw. u. Nbg., Jahrg. 1901 S. 1 ff. Hier sind die Urgichten der im Jahre 1528 in Augsburg gefangenen Täufer mitgeteilt, in denen vielfach auf die Vorgänge im Jahre 1527 bezug genommen ist. An chronikalischen

Berichten über das Folgende seien genannt die Stellen bei Sender S. 187 ff. und die von Meyer unter dem Titel 'Die Wiedertäufer in Schwaben' veröffentlichten Aufzeichnungen eines Augsburgers in der Zeitschr. f. Kirchengesch. Bd. XVII (Gotha 1897) S. 248 ff. — Die im Texte genannten Persönlichkeiten sind: Der Maurer Hans Kißling, der ehemalige Priester Jakob Dachser, Laur Bischer — der Hafner —, Zunftmeister der Zimmerleute, Andreas Wibholtz, Zunftmeister der Hucker, der Patrizier Eitelhans Langenmantel, der Kürschner Jakob Groß und der frühere Franziskanermönch Sigmund Salminger. Über Dachser und Salminger s. die Abhandlung Rabellofers in den Beitr. zur bayr. Kirchengesch., Bd. VI S. 1 ff.; über Eitelhans Langenmantel die Roths in der Zeitschr. des hist. Ver. f. Schw. u. Nbg., Jahrg. 1900 S. 1 ff.

Also schickt ain rath ben vogt mitsambt den knechten da in ain weberhaus, da waren sie beieinander, unb waren frembbt unb inwoner. da der vogt hinein gieng in die stuben, da hett der kürschner angefangen unb zu den bruedern unb schwestern gesagt: 'ich hab euch erst vom creutz gesagt; itzt kumpts creutz'. da hetten die knecht zwen unb zwen genomen, unb etlich waren selbs willig in die gefengknus gangen [1]. unb die burger, frauen unb man, angelobt für ain rath zu komen. also da sie kamen, da hielt man in freundtliche, güte wort für: wie guet wissen wer, daß man sich indert rottirt unb versamlet unb sich verbunden on ains raths wissen unb willen, welchs dann offentlich berueft unb angeschlagen worden wer. wolten sie von der sach absteen unb offenlich der widersagen, es weren guet prediger hie, daß sie daselbst hingiengen in die predigheuser unb nit also mit verschloßner thür weren, das wollt ain rath haben. aber 2, 3, 4, 5 bis in sechs personen unb nit daruber vom wort Gottes reden, das wolten sie inen unb jetlichem wol vergunnen, weiter wurd mans nit leiden. also gab man inen ain aid auf zu schweren: wer da wollt aim burgermeister unb ainem rath gehorsam sein, so man in berueft, [unb sich hält], wie aim burger zügehort [in allem], was ain stat antrifft, wans deinbt oder sonst etwas angeet, alsdann wollt man sie annemen als vor; wer aber solchs nit schweren wöllt, da wurd ain rath mit m handlen. also schwuren ir vil; aber etliche wollten nit also schweren wider iren herren Got, mann unb frauen. unb giengen die frauen von mannen unb die mann von frauen unb ließen kinder unb guet alles dahinden. also

18. 'dann' nach 'was' wurde als sinnstörend weggelassen.   21. 'also' in der Handschr. nach dem Worte 'Got' (Zeile 22).

1. Die Aufhebung dieser Täuferversammlung fand statt am 15. September 1527. — Vgl. Sender S. 187. Die Einheimischen, die man dabei ergriff, wurden, nachdem sie gelobt hatten, sich auf Erfordern zu stellen, entlassen und in den nächsten Tagen vor den Rat berufen. Die im Texte erwähnte Ansprache wurde vor neunundzwanzig Personen gehalten, die am 17. September vorgeladen waren. Die Ratsdekrete (Bl. 145ᵃ) enthalten folgenden darauf bezüglichen Eintrag. 'Anno etc. 27 anf 17. tag septembris ist mit nachgemelten wibergetauften personen gehandelt worden, wie obstat (Bl. 144ᵃ), doch mit der erclerung, daß sie in winckeln und an andern verdachtlichen orten des predigen und predighörn muessig steen tags und nachts. woll mögen zwen oder trei das götz wort lesen und davon redn, doch kain versamblung noch rottiern furnemen, machen und thun. das alles zu halten und zu volziehen [sie] leiblich aid mit aufgehabnen fingern zu got geschworen und volfuert haben, mit dem anhang, [daß sie], wann sie wider erfordert werden, gehorsam erscheinen und ir selb und güt ausserhalb ains rats wissen, willen und erlauptnus nit verrucken noch verendern wollen noch sollen.' Folgen die Namen der Borgelabenen. Solcher, die den von ihnen verlangten Eib nicht schwören wollten, waren es am 17. September drei, 'beßhalben sie aus der stat geschworn ir leben lang nit mer darein noch [in] derselben etber [zu] komen, und wo sie darein komen, daß sie nach ains erbern rats ansehen am leib gestraft werden sollen.' Ratsbekr. Bl. 146ᵇ. Alles von Peutingers Hand.

fuert man sie zur stat hinaus und verpot inen die stat ewigclich. unter
den bruedern und schwestern hetten sie einander tauft, wurden also
verfuert und [waren] zu hoch in die schrift gestigen.

2. Okt. [11ᵇ] Item auf den andern tag octobris furet ain rath hinaus siben
mann und darunter zwen gesellen und zwai weiber¹. das ain was ain ⁵
messerschmidt und sein weib und das ander was Sixten Pflegers, ains
schneiders, weib, und ließen hab und guet dahinden. darnach am vierten
tag octobris handelt ain rath heftig darin, und lagen die zwen zunftmeister bis auf den 7. tag octobris². da ward dem Widholtz die stat
ewigclich verpoten bis auf ains raths widerruefen. dergleichen dem Eitl- ¹⁰
Hans Langenmantl und dem Kißlin, maurer, die stat verpoten, dem Laux
Haffner, zunftmeister, und einem schleiffer wider herein erlaubt und aller
eeren wider ersetzt.

Also kam ein reukauf in die gartenbrueder, und hets der schimpf
gerauen, und weren gern herein gewesen. da was kain gnad dazumal da³, ¹⁵

2. Handschr. 'aneinander'.

1. Das hier Berichtete war am 1. Okt.
1527. In den Ratsbekreten (Bl. 159ᵇ)
heißt es: 'Uf den ersten tag octobris anno
etc. 27 ist ain erber rath in der gewon-
lichen gerichtsstuben gesessen, alda vor
ainem erbern rath alle und yede personen,
so sich tauffen lassen und wie hievor gnüg-
sam bestimpt und anzaigt ist, beßhalben
ir leib und gut nit zu verrucken und, so
sie wider erfordert werden, zu erscheinen
hinder ainen erbern rath geschworn, erschinen, daselbs inen allen durch die vier
predikanten — doctor Urban, doctor
Frosch, doctor Steffan und maister Mi-
cheln — ain sermon oder predig thun
lassen, darzu auch mein herr burgermaister
Rechlinger inen ain furtrag, welcher-
massen und gestalt sie wider die hailligen
schrifft und auch ain erbern rath gehandelt hetten, und was nachtail und schaden
inen, wo sie von irem furnemen nit absteen wolten, daraus entsteen und erwachsen wurde, mundtlich gethann, inen auch
schrifften, wie es an andern orten den
widertauften personen halben gehandelt
sei, verlesen lassen und sonst alles und
yedes, das zu abstellung ires furnemens
dienen möcht, furgehalten und gehandelt
worden ist.' Daraufhin sagten sich zwei
Männer und eine Frau von der Täuferei
los. Nach Nennung ihrer Namen wird
fortgefahren: 'So haben nachbestimpt personen ires furnemens und widertauffens
nit absteen [wollen], sonder offentlich an-

zaigt, daß sie darauf verharren wollen
beßhalben sie auß der stat verschafft und
von stunden ab dem rathaus ausgefuert
worden sein, nit mer herein noch in diser
stat ether ir lebenlang zu komen.' Unter
den 9 nun namhaft gemachten Personen
befinden sich auch die im Texte genannten:
Hans Crafft, messerschmid von Augspurg,
Appolonia, sein eewirtin, und Walpurg,
Sixten Pflegers, schneiders, eewirtin von
Augspurg. Die zwei erwähnten Gesellen
sind zwei fremde 'Schuhknechte'.

2. Das Urteil über die ihr 'Irrsal'
bekennenden einhelmischen Häupter der
Augsburger Täufer, die sich in Gefangenschaft des Rates befanden, erfolgte laut
Eintrag in den Ratsbekreten, Bl. 152ᵇ,
am 14. Oktober 1527. Es waren dies
Laux Bischer, Endris Widholz, Gall
Bischer, Hans Kißling, der Schleifer Ulrich Schart und Peter Scheppach. Von
diesen wurden Laux Bischer und Ulrich
Schart mit Geld und Ehrenstrafen belegt, die übrigen aus der Stadt verwiesen.
Das Urteil ist gedruckt bei Sender S.
189 Anm. 2.

3. S. hiezu Roth, A. R.-G., I S.
251. Bei den Akten (in der Literalien.)
liegt eine ganze Anzahl von Bittschriften
ausgewiesener oder entflohener Täufer.
in denen sie unter Widerrufung ihres
Irrglaubens um die Erlaubnis zur Rück-
kehr in die Stadt nachsuchen.

wann ein erber rath bath sie treulich, daß sie von irem furnemen stunden,
das geschach oftmal, da waren sie aber erstockt in iren sinnen, und stundt
unter inen ain seltzame sect auf, und namen auf ain neues ainander. sie
sprachen, es wer niemant zů halten, daß eisserlich ainer neme ain ander
5 weib und aine ain andern mann[1]. vil seltzamer stuck triben sie. Got erleucht
sie, als ir hörn werdt, mit der zeit[2]. also darnach wurden etlich, daß sie
nit mer reden kunten, und kamen von sinnen. Got helf inen!

Item 1527 abj. 7. tag december hat man hie ainen aus den eisen
gefuert, auf ainem karren aufgesetzt, in ain schragen angebunden, der in
10 der gefencknus auf ain nacht sich unterstanden, selbs auszůprennen die
ketten aus der panck und nachmals den eisenmaister zů schlahen und zů er-
morden und auszůkomen[3]. da ist so ain grosser rauch und dampf worden,
daß die andern drei, die neben ime sind gelegen, die haben dem eisenmeister
gerueft umb hilf. wie er komen ist, da hat er kaum sehen können, und
15 da er zum gwelb kam und aufschloß, da gieng ain grosser [12ᵇ] dampf
heraus, daß sie nit konten sehen, bis der rauch vergieng. da lag der gefangen an der erdt mitten im gwelb und kunt nit mer, dann er was todt.
da nam in der eisenmaister und ain statknecht und thetten in heraus. da
hett er anzundt, und was verbrunnen, was darin was. also war im dar-
20 vor ain rechttag gesetzt worden, da wollt er im also darvon helfen. und
war der widertaufer ainer, die im landt umbzogen, und hett vil volcks
verfuert im paurenkrieg in Francken und sich ausgeben, Got hett mit im
geredt und bevolhen, daß er sollt widertaufen, und gesagt, der jungst tag
werde in zwaien jarn komen. es ist ain gelerter, junger man gewesen.
25 sindt vil stuck, drei bogen vol, ausgerieft worden. also, wie man in in die
stuben gethan hat, ist er am andern tag vom rauch gestorben. also hat man
in also todt aufgesetzt und hinaus gefuert und verprennt. er hat mit
namen gehaissen Hans Huß von N., aus Francken geborn. ist ainer gewesen mitsambt den breien[4], so in eisen gelegen sindt, die vor bezaichnet

---

19. In der Handschr. 'ward' statt 'war'.

1. Vgl. unten S. 41 Anm. 1.

2. Davon ist in Preu's Chronik
nichts zu finden.

3. Hans Hut, aus Haln in Franken
(zwei Meilen von Grimmental) gebürtig,
war am 15. September gefangen und
einer Anzahl von strengen Verhören, zum
Teil unter Anwendung der Folter, unter-
zogen worden. Als er seine Verurteilung
vor Augen sah, machte er den im Texte
erzählten Versuch zu entkommen. S. über
Hans Hut Roth, A. R.-G., I Reg. und

die S. 259 Anm. 22 angegebene Litera-
tur; seine Augsburger Urgichten sind gedruckt bei Meyer 'Beiträge zur Gesch.
der Wiedertäufer in Schwaben' in der
Zeitschr. des hist. Ver. für Schw. u. Nbg.,
Jahrg. 1874 S. 221 ff., der 'Urteilsbrief'
ebenda S. 252. — Vgl. Sender S.
191 ff.; Keßler Sabbath., l. c. (Jahrg.
1868) S. 120 ff.

4. Die drei andern: Jakob Groß (der
Kürschner), Jakob Dachser und Sigmund
Salminger.

gewesen im ersten einlegen mit den gartenbruebern, welche also gehandlt haben.

Schöne stuck der widertaufer, die sie im Thurgaw begangen haben[1], des nit ain stat, sonder ain gantze landtschaft im Thurgaw wissen tregt:

1. Sie haben in derselbigen gegent die weiber also gemain gehabt, daß ainer sein aigen eeweib hat verlassen und ain ander eeweib hat beschlaffen[2].

2., Sie haben auch die kinder gmain gehabt, aber also, daß ainer seine aigne kinder verlassen und ain andern lassen ernern.

[12b] 3. Es ist ain weber mit namen Sigel, nit weit von Zurich gelegen; zu dem seind die widertaufer komen, die furnemsten der lerer unter inen, und haben im sein haab und guet helfen verzeren[3]. da es nun alles verzert gewest, hat er sie zur arbait ermant. do sagten sie im, er sollt Got vertrauen, er dörft kein sorg haben; sie wolten aber nit arbaiten. darzu sagt im sein frau, wie bise widertaufer sie oft hetten angemuet der unehr, daß sie wolten bei ir schlaffen. da jaget sie der weber aus.

4. Sie haben den brauch also, ir ding gmain zu haben; welche nichts haben, die lassen die andern arbaiten, und was er gewint, das helfen sie ime verzern[4].

5. Es ist ainer der furnemsten unter inen ains zimlichen vermugen nit weit von Zürich. der zog von seinem weib und kinden, als dann der widertaufer brauch ist. zu dem lief sein weib und bate in treulich, da er hinweck wollt, daß er doch ir und den armen kinden etwas zur aufenthaltung ließ, aber er wollt nichts herausgeben. die hausfrau belieb dieselben nacht bei im, dahin sie im was nachgeloffen, und verhofft, sie wolte

---

1. Inhalt eines Flugblattes? S. zum Ganzen die Abschnitte von der 'Art der Wiedertäufer' bei Keßler, l. c. (1866) S. 270 ff., S. 278 ff.

2. Bullinger zählt in seinem Buch: 'Der Widertöufferen ursprung, furgang, Secten, wäsen, fürnemen und gemeine leer Artickel' (Zürich 1560) S. 35 ff. eine Reihe von Irrtümern der Wiedertäufer auf. Da heißt es unter Nr. 7: 'Diewyl dann ouch Christus geredt habe, die publicanen und hüren werdind im himmelrych den grächtern vorgon, so söllind die wyber zu hüren werden und ir eer verschetzen, so werdind sy im himmelrych grösser syn dann die frommen wyber ꝛc. Andere machtend es etwas subtyler. Dann wie sy lartend alle ding gemein haben, also

ouch die wyber.' — Solche Fälle kamen auch in anderen Gegenden unter den Täufern vor. S. z. B. 'Die Auszüge aus den Urgichten der Träumer im Amte Balersdorf' bei Jörg S. 733.

3. Bullinger S. 19: 'Diewyl der Herr sagt, Welcher nit verlasse huß und heim, und was er habe, der möge nit sin junger syn: so verliessend sy wyb und kind, huß und gwärb, strichend im land herum, lagend uff den brüdern und fraßend sy vß'.

4. Ebenda: 'Sie tribend ernstlich die leer, daß niemants nüt eigens haben möge, und sölle alle hab und gut gemeyn syn, dann keiner möge ein Christ und rych syn.'

ine boch zů nacht erwaichen unb erpitten, baß er ir unb ben kinblein etwas
ließe, unb gieng zů im in bie kamer. bo lief er ir entgegen unb sprach zů
ir: 'hab ich bir nit vor gesagt, bu kumbst zů mir allain umb unkeuschhait
willen?' also hat er sein aigen weib von im jagt unb hat gleich ain anber
5 wibergetaufts maiblen zů im gerueft. unb ba solchs sein hausfrau clagt
hat, hat er ir vast greulich gefluecht unb also gerebt: 'ei, weib, bu bist
fleisch unb barumb gebenckst bu nichts bann fleischlich bing[1]. bu wirst ver-
fluecht immer unb ewiglich'. also ist bie guet, verlassen frau gein Zurich
[13*] komen unb solche wort anzaigt: 'mein mann hat mich nur wollen
10 überreben, es seien geistliche heirat zwuschen ben wiberteufern unb teuferin;
man soll inen nichts barein reben. nun kan ich nichts gůts gebenken,
bann mein mann geet mit bisem maiblen etwa oft allain gein sanct Gallen
burch bie welb, unb ligt zů nachts bei ime in ainer kamern. bieser wiber-
teufer ist auch nach bem nit mehr zů seinem eeweib komen.

15 6. Es seien etlich unter inen, bie haben auch solche geistliche hochzeiten
angefangen unb bei ben golttschmiben ring kauft, bamit sie weiber unb
maiblen inen selbs vermehlet haben[2].

7. Es seien zwai maiblen zů sanbt Gallen gericht worben, bie haben
vor albeg ain gueten namen gehabt unb seien frumb gewesen. aber so
20 balbt sie sich auch mit ringlen haben in ben tauforben begeben unb geistliche preutigam angenomen, haben sich zů nacht zwen geistliche preutigam
zů inen in ain peth gelegt unb sie beschlaffen mit solcher ungestumigkeit,
baß bas peth zur erben gefallen unb zerprochen ist, baß bie leut ben fall
gehört haben unb gesagt, baß ba bie vier gaist fallen wol so laut, als
25 weren es vier leib.

8. Es hat sich auch zů Zurich ain wibertaufer beriembt, bie wibertaufer seien on sünbt[3]. ba ist ain pibermann unter sein angesicht ge-
stanben unb gesagt: 'wie barffst bu sagen, baß ir on sünbt seiet? nun hat
boch neulich euer ainer im tauforben zů Wesen ain eebruch begangen'.
30 bo hat ber wibertaufer geantwort: wann er schon bie ehe gebrochen hab,

---

13. Hanbschr. 'inen' statt 'ime'.

1. Bullinger S. 36 Nr. 10 u. 11:
'Es sinb unber blsen üppigen büben ent-
stanben bie geistlichen Een. Dann bie
wyber berebt wurbenb, sy sünbetinb
schwärlich mit iren eemannen, bie noch
Heyben, biewyl sy nitt wibertoufft wärinb:
mit inen aber ben Toufferen sünbetinb
sy nit, biewyl zwüschenb inen ein geistliche ee wäre' 2c.
2. Z. B. Ludwig Hetzer, in Augsburg

als Förberer ber 'Täufer' wohl bekannt,
ber im Herbste 1528 in Konstanz gefangen genommen, im barauffolgenben
Februar hingerichtet wurbe.
3. Bullinger S. 36 Nr. 8: 'So
sprachenb etliche, nachbem sy wibertoufft
wärinb, wärinb sy wibergeboren vnb
köubtinb nit sünben, bas fleisch köubte
vnb möchte allein sünben'.

so hab er dannocht nit gesundet; dann welcher in unserm orden ist, der kan kain sundt thuen. [13ᵇ] also sprach derselb frumb burger: 'so hör ich wol, eepruch ist bei euch kain sündt'. darauf hat der widertaufer geantwort: 'lieber, ich sag nit, ob eeprechen sündt sei oder nit; ich sag aber, wir haben ain gaist und darzů ain leib, darumb kan bei uns kain sündt geschehen'. ₅

9. Sie kumen gern in lustwelben zůsamen, und vil mehr bei der nacht dann bei dem tag, do maiblen und frauen, auch mannen in der finsternus beieinander sindt.

10. Es ist ain widertaufer wider vom irrsal abgefallen und hat sich zů gemeiner cristenheit gethan. da man in fraget, warumb sie nit messer ₁₀ an inen truegen ¹, antwortet er: 'weren wir so starck an volck worden als ir seit, so hett ir bald gesehen, ob wir nit auch schwerter hetten'.

Der stuck sindt noch mehr geschehen, das stät und dörfer im Thurge wissen tragen.

8. Juni

Item auf den 8. tag brachmonat hetten meine herren von Augspurg ain pot auf allen zunftheusern, daß man sollt in der spaltung der fursten ₁₅ behůtsam sein der zungen und reden, bei ains ersamen raths ungnab. da bete ein ersamer rath jedermann das zů verhueten, wann man mueßt den geistlichen fursten helfen liegen.

1528.

10. Juni

[14ᵃ] Item auf den 10. tag brachmonat hat der löblich fürst hertzog ₂₀ Wilhalm von Bayrn zů Fritberg ain burgerstochter, so ains tagwerckers gewest, mit namen Hans Spießli, ausfueren lassen, und berueft worden ain ketzerin der widertauf, und der bevelch von dem fursten geben worden, man soll sie ertrencken und darnach verprennen. und da man solchs aus-gerueft, hat sie anfangen zů lachen und gesagt: 'mein got und herr, du ₂₅ hast mich berueft, und ich hab mein hoffnung in dich gesetzt. das will ich von deinentwegen gern leiden, wann du hast mich erlöst. ich bin ain arme sünterin, mir geschech nach deinem götlichen willen; [wohin du willst] da bin ich berait hinzůgeen. da ist komen ain gesell, hat sie begert zů nemen zů der ehe; hat sie gesagt, sie hab schon ain gemahel, dem hab sie ₃₀ gehaissen bei im zů beleiben. sie hat nit vil geredt, die leut angesehen und gelacht und die augen untergeschlagen. da ist auch von mann und frauen, jungen und alten, ein erbermlich wainen gewesen ².

---

14. Handschr. 'tregt'.   22. In der Handschr.: 'gerueft'.   33. Nach 'wainen' die Partikel 'da' in der Handschr. wiederholt.

1. Das Waffentragen bezeichneten die Täufer als verwerflich. S. Bullinger S. 22.

2. Über diesen Fall konnte ich nirgend etwas Näheres finden.

Item auch zů Aiblingen bei Rosenhaim hat man ein frau ertrenckt von des herren worts wegen. und wie sie der tobtengraber ins grab legen hat wollen, ist sie lebendig worden [1]. da hats der hencker mit ainem schlegl an den kopf wollen schlahen. ist ain frau dabei gewest und gesagt: 'ei, du pößwicht, du hast das urtail und recht an ir volbracht, und ist abgesprochen vom pfleger.' also hat man den pfleger geholt, da hat man die frauen auf-gehebt und dem pfleger in das haus gefuert, und hats drei tag bei im be-halten. nachmals hat er sie lebig gelassen unverruckt irs gemuets von dem fursten sie weiter nit zů bekomern. ist geschehen im jar 1528, aber den tag waiß ich nit. zů disem mal gieng die verfolgung durchs landt aus in allen furstenthumen, voraus in den [der] geistlichen fürsten; [da] er-kannt man die frücht.

1529.

[14b] Item 1529 auf den 14. tag mertzen ist zun barfuesern ain groß, schwer kreutz gestanden auf dem esterich in ainem stain. das ist er-fault gewesen und lebig worden — ist volck daran gesessen und gestanden —, daß es sich bewegt hat [2]. da hat ain burger vom geschlecht, Sigmundt

1. In den Aufzeichnungen des her-zoglichen Rates und Sekretärs Andr. Pernöder (Cod. germ. 1594 der Mün-chener Hof- und Staatsbibl.) wird dieser Vorfall mit folgenden Worten erzählt: 'Es ist ain alte frau zue Aibling einkomen mit namen Margareth Abmpergerin, die den wibertauf angenomen und denselben erstlich widerrueft und doch nachmals wider auf iren irrthumb gefallen. und als sie zum andern mal durch geistlich personen davon gewisen, ist sie zum wasser verurthailt, auch also gericht und etwas lenger dann ein halbe stund im wasser umbgezogen, furter aufgelöst, auf einen wagen gelegt und zum kirchhof gefüert worden. als man sie aber daselb vom wagen herab geworfen und begraben wöllen, hat man gesehen, daß sie noch lebendig und sich gerürt. darumben ist sie von stunban in das schloß getragen und daselb gleichwol etlich stundt un-wissend gelegen. und wiewol jederman, so entgegen gewest, davor anberst nit ge-maint, dann sie wär gestorben, hat sie doch nachmals anheben zu reden und widerumb zů ghen, lebt auch noch biß den heutigen tag, wie dann der richter hieher (nach München) geschrieben, daß sie sich

kains sondern schadens von disem erbren-dens wegen besorg'.—Die Chronographia Senders (s. über diese die Einleitung zu Senders Chronik S. XXXV ff.) be-richtet Bd. IX Bl. 50b den Vorgang ähn-lich, fügt dann aber noch eine für die Wundergläubigkeit des Verfassers bezeich-nende Ausschmückung bei: Die Frau sei von jeher, bis kurz vor ihrer Wiedertaufe, eine eifrige Verehrerin der Jungfrau Maria gewesen. Bei dem schweren Gang zum Flusse sei ihr diese erschienen und habe ihr zugesprochen: 'Constanter age, filia, et noli timere, quod ego te libe-rabo de morte hac turpissima!' 'Et quamdiu sub undis steti submersa', versichert die Gerettete, 'ipsa virgo Maria mecum stetit et supra aquam caput meum levavit pallioque suo me involvit ita, ut visus oculorum hominum me non praeoccupavit'. Natürlich sagte sie sich auch von ihrer 'Irrsal' los. Vgl. Winter, Gesch. der baierischen Wieder-täufer S. 40, dessen Quelle Abelzreiter II S. 244.

2. Vgl. Sender S. 214, die Weissen-horner Historie (in Baumanns Quellen zur Gesch. des Bauernkriegs) S. 152. S. Roth, A. K.-G., I S. 305.

Welfer[1], und ein zimerman mit dem prediger, meifter Michl[2] genant, zu
nacht geeffen, feien fie von dem creuz zu rede worden und dem volck vor
fchaden wollen fein und haben felb viert, ain munch[3] mitfambt inen, das
creuz wollen niderlaffen, ift inen das zu fchwer worden, und haben das
creuz, den abgot und götzen, vallen laffen, daß es zerfallen ift. nachmals 5
find zwu ftainene baffen geftanden, haben den Riglern[4] und Welfern zu-
gehört. hat Sigmund Welfer gedacht, mein altar ift auch zerbrochen und
ledig worden, an der wandt und [den] vigalen feien die knaben darauf und
daran gehangen und [fie] ledig gemacht. ift er felbs zugefaren, hat im
niemant geholfen, und hats wollen herabheben. feien im die vigalen in die 10
bruft gefallen und haben dem hergotftain die köpf herab gefallen. hat fich
der Welfer erzurnet und hat auch etlich erfchlagen, hat vermaint, es foll
ainem rath nit fo groß daran ligen, es fei fein. da hat man gefehen, wie
der rath und [die] euangelier das wort Gottes laffen furgeen und darob
halten. da haben die armen criften fo ubl gehandlet, daß fie die götzen er- 15
fchlagen haben, daß man forcht, der keifer kem und nem die ftat ein von
des groffen ubls wegen, daß man die frumen heiligen erfchlagen und zer-
fellt hat. da hats ains wollen köpfen, das ander prennen. da hat ein
rath gefurcht, man lauf über fie, und fie werden von irn eren entfetzt, die
widercriften, wie man [etliche] zu Bafel[6] und anderswohe hat haimgefchickt. 20
da ift inen das euangelion in zennen behangen. ei, wir feien güt euangelifch im protkorb; wir effen fleifch, wir geen in predig, wir thuns alls.
[aber] wir pieten die [15.] feirtag zu halten[6], wir mueffen darob halten,
daß wir banneft mit pfaffen, munch und dem keifer befteen. wa wollten
wir handlen? wir dorften nit für ain thor reiten! wir wollen dannoch 25
wol euangelifch leren; man foll uns nit anfehen, wie wir fteen. in
fumma: das hat man an den wercken gefehen.

Am zwainzigiften tag merzen da mueft der vogt mitfambt vier fölbnern und trumetern in der gantzen ftat herumbreiten, das gefchach an
einem freitag, und man ließ berüfen[7]: wer das wer, fo ain bildtnus 30

1. Sigmund Welfer, der Sohn des
Lucas Welfer; vermählt feit 1521 mit
Urfula Rott.
2. Meifter Michael Keller, der Prä-
dikant.
3. Marx Relm, ein Barfüßermönch.
4. Den Rieblern.
5. Gemeint find die weithin Auffehen
erregenden Vorgänge im Februar 1529,
die dort die Ausfchließung von zwölf der
Reformation feindlich gefinnten Ratsherren zur Folge hatten. Keßler, l. c.
(1868) S. 182 ff.
6. Anfpielung auf das die Feiertage
betreffende Gebot des Rates vom 20. September 1528 und vom 10. Dezember des
Jahres. S. Sender S. 209.
7. Diefer 'Beruf' wurde am Freitag.

ober alte gedechtnus in der kirchen oder auf dem kirchhoff verunehr oder
wegk riß oder thett, den wollt ain rath straffen an laib und guet. da lag
der has im pfeffer. also pot ain rath dem Sigmundt Welser auf den
Geckinger thurn und dem zimerman auf Jacoberthor, und wurd der Wel-
5 ser umb 100 fl gestrafft[1]; und was der zimerman 2 tag lang verzert,
mueßt der Welser ausrichten.

Also nachmals, wie zů Speir der reichstag wardt, da wurde ein
spaltung zwischen fürsten und herrn, auch denen von steten, von wegen
des euangelion. da kam kaiserliche majestat und der konig von Hungern,
10 Ferdinandus, und ermant von ersten die fünf orter von Schweitz, daß
sie bei dem alten weg und brauch, auch den ceremonien beleiben wollten,
so wolt kais. mt. und er an stat irs bruedern inen beistendig sein und hilf
thuen mit leib und guet[2]; auch etliche unter den reichsteten ermant [er]
auf solchem zů beleiben. da haben unsere herren hie zů Augspurg bald
15 haimlich in der still, außerhalb einer gantzen gemain, umb das sigel gebeten und an iren gotlosen, mörderischen, thyrannischen brief gehenckt und
subtil abtretten[3]. und unter den gemainen mann ein besundern verstandt
ausgeen lassen: nemlich es hab nit die gestalt, sie seien nit abgefallen,
man lasse doch prebigen und wer die [prediger] nit hinwegk thuen, und
20 man wölle niemant nichts weren bis auf ein concilium. ja, die ballen,
saffran, golbt und silber auf wasser und landt hetten, da war es umb
Got aus.

[15ᵇ] Ja, man ließ auch ain schön, subtil mandat und ordnung ausgeen, wie kais. mt. in seinen kirchen ain satzung gemacht hett zur unter-
25 haltung sechs jar lang[4], in Italia und in das teutsch land ziehen wurd

---

1. In der Handschr. sinnlos 'naher' statt 'verunehr'. 3. In der Handschr. 'auch denen von steten'
nach 'euangelion'. 18. Handschr. 'auslassen geen'.

den 19. März, bekannt gemacht. S.
Senber, wo er S. 217 im Wortlaut
mitgeteilt ist.
1. S. Senber S. 216.
2. Im Februar 1529 war zwischen
den fünf Orten und Ferdinand zu Feld-
kirch über ein Bündnis verhandelt worden,
das im April des Jahres zustande kam.
3. Der Rat der Stadt Augsburg war
zuerst willens bei der Entscheidung über
die Annahme oder Ablehnung des Reichs-
tagsabschiedes mit Nürnberg und Ulm zu
stimmen, ließ sich dann aber durch seine Ge-
sandten Wolfgang Langenmantel, Hans
Hagl und den erst am 27. März in Speier
angekommenen Konrad Herwart, der als
Wortführer erscheint, bestimmen, davon

abzustehen und den Abschied zu bewilligen.
Den Ausschlag im Rate gab wahrscheinlich
Hieronymus Imhof. S. Rey, Gesch. des
Reichstages zu Speier im Jahre 1529 in
den Mitteilungen des hist. Ver. der Pfalz.
Bd. 8 (Speier 1879) S. 90 ff., 193 ff. und
die S. 353 ff. mitgeteilten Briefe der Ge-
sandten an den Rat. Von auffallenden
Verletzungen der in solchen Fällen üblichen Formen war nicht die Rede; bean-
standet könnte nur werden, daß es der
kleine Rat unterließ den großen einzube-
rufen.
4. Gemeint ist wohl die sog. 'Crusaba',
die im Februar 1529 dem Kaiser vom
Papste bewilligt wurde.

umb die letzerisch lehr, das euangelion, auszütilgen und die stett zü straffen. da. machten wir hoch meur und pasteien, vielen vor darnider von
den grausamen lugen der k. und fursten, auch der pfaffen; die macheten
ain spiegelfechten vor der welt. da furchten die von Augspurg, sonderlich
die grossen Hansen, man wurd die stat einnemen und besorgten sich, wie ₅
sie mit der gemain stuenden.

Es waren drei man, die regnirten die gantze stat: war doctor
Behttinger[1], statschreiber, und Jeronimus Imhoff, auch Anthoni Bimel[2],
ward erst neuer burgermeister worden; er süchet schlüßl und sandts. da
wenet die gantz gmain, Got und sie hetten ain euangelischen mann, da ₁₀
ward er noch teuflischer dann der Imhoff, und waren die größten heuchler, die kain mann erkennt hat. sie konten auf baiden tailen tragen, [auf
evangelisch und] auf gaistlich und kais. mt.

Also haben die fürsten mit dem wort Gottes gehandlt mit namen
hertzog Hans von Sachsen, landtgraf von Hessen, hertzog von Lunenburg, ₁₅
marggraf Georg von Brandenburg, fürst von Anhalt — Nürnberg, Ulm,
Straßburg, Basl, Schafhausen, Zürich, Bern, [die stat] und das gantz
landt, Costnitz, Lindaw, Kempten, Wangen, Eysnaw, Memingen[3]. haben
sich zůsamen verbunden ob dem euangelio zů bleiben und darüber zů
halten. haben auch potschaft zum keiser geschickt[4]. ₂₀

Also machet der punbt ain haimlich stillung, und ward gemacht
hertzog Wilhelm von Bahren zů aim obersten des punbts, [mit] 4000 pferd
zů straifen auf Memingen und umb Mindlhaim zů ligen und den armen
leuten das ir abzůschlaifen und sie zů verberben[5]. man wollt vil knecht

1. Handschr. 'und' statt 'umb'.   22. Handschr. 'mitsampt dem punbt' statt 'des punbts'.

1. Der Stadtschreiber Dr. Konrad
Peutinger suchte in dem Religionszwist
lange Zeit 'den mittleren Weg' zu gehen
und nahm, als er im Jahre 1534 den Rat
zur Durchführung der Reformation entschlossen sah, seinen Abschied. Er hatte viele
Gegner schon wegen seines aristokratischen
Auftretens, seiner Verbindungen mit Fürsten und deren Hofleuten sowie seiner Beziehungen zu den großen Kaufleuten,
namentlich zu den mit ihm verschwägerten
Welfern; Rem (S. 41) sagte ihm auch Ei-
gennutz und Bestechlichkeit im Amte nach.
2. Über Imhof s. oben S. 22 Anm. 2;
Anton Bimel war 1521—1527 'Einnehmer', 1528 'Baumeister' und wurde
1529 mit Ulrich Rehlinger Bürgermeister.
3. Die protestierenden Fürsten waren

bekanntlich: Kurfürst Johann von Sachsen, Landgraf Philipp von Hessen, Mark-
graf Georg von Brandenburg, Fürst
Wolfgang von Anhalt und die Herzöge
Ernst und Franz von Braunschweig-
Lüneburg; die protestierenden Städte:
Straßburg, Nürnberg, Ulm, Konstanz,
Lindau, Memmingen, Kempten, Nörd-
lingen, Heilbronn, Reutlingen, Jsny,
St. Gallen, Weißenburg u. Windsheim.
4. Sie wurde vom Kaiser im September des Jahres 1529 zu Placenza in
äußerst ungnädiger Weise empfangen.
5. Auf einem Bundestage zu Augsburg im Juni 1529 wurde ein eilender
Zusatz von 800 Pferden gegen Täufer
und Sakramentierer auf zwei Monate
verordnet. — Herzog Wilhelm von Bayern

machen, und was das geschrai groß von dem volck. man kundt aber nichts
ankumen, ain jetlicher wollt bei den seinen bleiben und nit von seinem
brueder weichen. und was alhie von hauptleuten groß aufreiten zum
grafen [16ᵃ] von Ortnburg [1], der was vicekonig zů Hungern ꝛc.; man
5 sagt vom Türcken, er wer schon in Hungern [2]. man wollt dem keiser
entgegen ziehen in Mailandt, was kain gelt da, und was alles in haim-
lichen räten. damit wurd ir sach alle zenichten, und giengen ir anschleg all
hindersich. solchs ist geschehen im brachmonat. also macht man volck Juni
und schlueg umb am montag nach Jakobi [3]. war hauptman Geringer [4] 26. Juli
10 von wegen kais. mt. da, und die knecht beschid man auf Fuessen, sie also zů
mustern. ist beschehen den 9. augusti. da ward vil pratticirt von dem
gemeinen mann zů reden.

1531.

Item abj. 14. jenner ist Anthoni Phmel, burgermeister, am morgen,
15 da er sich hat wollen anlegen, in Gottes gwalt komen, daß ine dieselb be-
ruert, daß er von stunban entschlaffen ist; ist ein reicher man gewesen,
hat zwu töchter verlassen [5].

Item abj. 24 jenner hat man ain burgermeister gewelt an des Pimels stat mit namen Mang Seitz, ain weber, ain schlechter man [6], was
20 aber ain cristlicher lai und den armen bienlich.

Item abj. 2. mertzen hat der Phmel, welcher burgermeister ist ge-

---

war schon seit 1519 Oberhaupt des schwäbischen Bundes.

1. Gabriel Salamanca, Graf zu
Ortnburg.

2. Merkwürdigerweise wollte 'der gemeine Mann' den Nachrichten von der
damaligen Türkengefahr nicht Glauben
schenken. Es sah sich deshalb Wilhelm
Truchseß von Walbburg, der oberste Hof-
meister Ferdinands, veranlaßt, dem Rate
ein vom 5. Juli 1529 in Linz datiertes
gedrucktes Ausschreiben zur Publikation
zugehen zu lassen, in welchem er 'die
Ankunft des Türken in eigner Person in
Ungarn' ausdrücklich bestätigte; und da
er gehört, daß manche in der Stadt geäußert, es läge ihnen nichts daran, 'den
Türken unterworfen zu sein', so zählte er
in diesem Ausschreiben alle die Bedrückungen und Schädigungen auf, welche die
Christen von den Türken erleiden mußten.
(Berufsbuch im A. St. A.)

3. Vgl. die Weißenhorner Historie, l.
c. S. 156: 'Anno 29 nach Jacobi und
Laurencii (25. Juli und 10. Aug.) versamlet sich ain groß, merklich folck zů roß
und fůß im Allgew zů Nesselwang, Fuessen
allenthalben, die zugen in das Welschland
dem kayser Karolo zů'.

4. Konrad Gering.

5. Vgl. Sender S. 328. Das Todes-
datum ist richtig. Pimels zwei Töchter
sind: Anna, verheiratet (1528) mit Lucas
Honold, in zweiter Ehe (1531) mit Georg
Sulzer; Ursula, verheiratet (1528) mit
Bernhard Rehlinger. (Pimelsches Stammenbuch in der Stadtbibl. zu Augsburg).

6. S. über die Persönlichkeit dieses
Mang Seitz Roth, A. R.-G., I S. 104
Anm. 10. — S. auch den Brief Salters
an Bucer, dd. 25. Jan. 1531 bei Keim,
schw. Ref.-Gesch. (Tübingen 1855) S.
297 Nr. XIII.

wesen, nach ime verlaffen 1500 veßlen schmalt, hat man gerechnet ains in
das ander umb fl 6, machen 9000 fl [1]; die hat er und sein gesellschaft
surlauft, auf 6 kreutzer zu gelten, wann es galt darvor im jar 14 dn[2].
und im reichstag [16ᵇ] da verdarb inen das schmalt, daß man es nit
kundt brauchen, weder schuster noch sailer, dann zu der schmirb. man
wollt das pfundt umb drei heller nit haben, dann man kunts nit brauchen.
da ist Got ein richter gewesen zu offenbarn, wie, die den gemeinen nutz
betrachten sollen, [handlen]. wee denen, die ains solchen scheins leben!
wann im zunftmeisteramt suechet er die schlüffel, wie der abbt im
closter thet, wann er kunt wol auf baiden achslen tragen. das sein unsere 10
vorgeer hie gewesen und sein nun gut lutterisch auf unser seiten. und
in 36 jarn[3] haben sie geschunden und zesamen tragen ab den webern und
[dem] armen mann ob den zwaimal hunderttausent gulden[4]. und ich
hab im spuelen in die dunck tragen[5].

Item adj. 14. mertzen stellet man ainen weber und ain wittibe auf 15
den branger von eebruchs wegen; man het sie vormals oft gewarnet, und
[fie hetten] ainem burgermeister angelobt. man strich in aus und verpot
im die stat ewigclich, und die frauen ließe man wider zu iren kinden. fie
hett drei kleine kindt; er war mit den seckelherren herumb gangen
knechtweis. 20

Item adj. in der zeit mertzen 1531 hat man gefangen ain schuester
mit namen Utz Part und hat in von des Bimel schmalt wegen eingelegt
und etlich in gelubd genomen; aber man hats nit konden binden, daß [es]
nit sei; es ist im gantzen landt das geschrai vol gewesen. ist jederman
gut gewesen. 25

[Bl. 17ᵃ] Item man hat etlichen euangelischen burgern umb ain
schaf koren sechsthalben gulden wollen geben, haben sie es umb sechs gulden mit geben wollen. ist geschehen am 29. tag april[6]. o wehe der

---

9. Handschr. 'so suchet er auch die schlüssel'.

1. Vgl. zu diesem Vorkommnis, das
großes Auffehen erregte, Sender S. 329.
2. Vgl. Sender S. 327.
3. Hier scheint — aufs ungefähre —
gerechnet zu sein, von der Zeit an, in der
Antoni Bimels Vater Haus Zunftmeister
wurde, nämlich vom Jahre 1497 an.
Sein älterer Sohn Leonhard war Zwölfer
1502 bis 1516, sein jüngerer Sohn Antoni 1517, 1518 bis 1531 Zunftmeister.
Das ergibt im ganzen 34 Jahre.
4. Das Anwachsen des Vermögens
der Familie Bimel s. aus den Tabellen

bei Strieder, l. c. S. 147.
5. Preu war, wie in der Einleitung
erwähnt, der Sohn eines Tuchscherers
und Webers.
6. Die Preise aller Lebensmittel waren
durch den erhöhten Verbrauch während
des lang dauernden Reichstages im
Jahre 1530 stark in die Höhe getrieben
worden. S. Sender S. 327, 332. —
Ulrich Sulzer, Zwölfer in der Kaufleute-
zunft (bis 1538) und Laux Welser (s.
Strieder, l. c. S. 134) gehörten zu den
großen Kaufleuten der Stadt.

burgerlichen lieb und brueberlichen treu! man sagt Laux Welser und
Ulrich Sultzer haben es thun.

Item abj. 26. april ist ain prediger von Straßpurg komen, hat
weib und kindt gehabt, ain kleiner man. und sindt brei von Straßpurg
₅ hergelassen worden; ist komen zum ersten Bonifacius am 17. jener mit
weib und kinden, nachmals der Meisli, hat auch weib und kindt pracht,
hat angefangen zu prebigen am ersten mai[1].

Item abj. 16. mai ist pfaff Jakob, der vier jar in eisen gelegen und
ain widertaufer gewest, heraus gelassen worden und auf der ratstieg den
₁₀ irrthumb des widertaufs widerrueft[2].

Item abj. 20. mai haben die von Ulm ain bisputacion ausberueft,
ist barzu komen Oecolampadius von Basel, zween von Straßpurg, Plarer
von Kostnitz, ainer von Memingen und vil gelert menner von wegen des
nachtmal des herren, ob es zu erhalten oder nit sei. also haben sie die
₁₅ prebiger geschickt: ainen gen Albeg, ain gen Geißlingen, ain gen Leiphaim
und ain gen Haybeck, allen menschen das wort des herren wider das
bapstumb zu verkundigen, damit alle ire unterthonen hörn und sechen,
wamit sie umbgeen; auch barzu verordnet protmel den armen ba zu geben,
die zum prebigen komen aus ben flecken. auch 300 pferb ange[17ᵇ]nomen,
₂₀ [abzuweren] das einfallen der gottlosen haufen. also haben sie barnach
die altar, orglen und götzen aus allen kirchen geworfen und ein andere
reformacion angefangen, Got zu lob und dem negsten zur besserung[3].

20. Handschr. 'fur einzufallen'.

1. Von den aus Straßburg berufenen
Prebigern kam zuerst Wolfgang Musculus (Mäuslin) nach Augsburg, der am
22. Januar 1531 seine erste Predigt in
der Barfüßerkirche hielt. Der von ihm
empfohlene Bonifacius Wolfart traf in
der ersten Hälfte des Februar ein. Der
am 26. April Angekommene war Dr.
Sebastian Maier, der am 1. Mai seine
erste Predigt gehalten haben wird. Als
vierter kam dann im Juli Theobald Nigri
(Schwarz). S. Roth, A. R.-G., II S.
11, 17.

2. Ratsbekr. ad. ann. 1531, Bl. 46ᵃ:
'Eobem die (16. Mai) hat Jacob Tachfer,
so ain widertewffer gewesen, widerust und
geschworn ut in priori libro (d. h. den
Eib, der in dem früheren Ratsbuch eingetragen ist). es ist ym auch zugelawssen,
ain oder zween monet albie zu sein, sein
gesundtbait zu erholen, dan er viert halben jar in gefancknus gehalten ist worben.' Vgl. oben S. 36 mit Anm. 5.

S. Roth, A. R.-G., I. S. 256 und Roth,
Zur Gesch. der Wiedertäufer in Oberschwaben, l. c. S. 138 ff.

3. Am 21. Mai (Sonntag exaudi)
1531 trafen die durch den Rat von auswärts berufenen Präbikanten — Buzer
von Straßburg, Oekolampad von Basel,
Blaurer von Konstanz, dann Simprecht
Schenk von Memingen und Bartholomäus Müller von Biberach — in Ulm
ein, um im Verein mit dem Ulmer Prebiger Sam und Anderen in dieser Stadt
und im Ulmer Landgebiet die Reformation durchzuführen. Die im Texte erwähnten Predigten, brei an je drei Tagen,
zur Aufklärung der noch 'im Papstum
Gefangenen' wurden in Ulm, in Geißlingen (von Buzer), in Leipheim (von
Sam), in Langenau (von Oekolampad)
zwischen Pfingsten (28. Mai) und Ende
Mai gehalten. S. über diese Vorgänge
die Weißenborner Histoire S. 173 ff.;
Reim, die Reformation der Reichsstadt

7. Juni   Item abj. 7 heumonat hat meister Michl angefangen zů prebigen, hat ain mechtigen widerstant gehabt im rath an den gottlosen, den grossen wůcherern[1]. da ist das wort Gottes mit heller stimm geret und geprebigt worden, wie die propheten geschriben haben. aber es hat nichts wollen helfen an den grossen götzenknechten, reichen und pfaffen.   5

Item abj. 12. augusto sind bei dem prebighaus zum Kreuz die götzen vom altar am morgen auf dem kirchhoff gestanden, und hats niemant thon.

Item abj. 13. augusti haben zwen burgers sön zum Kreuz im prebig-haus ain kreuzhergot und drei pilder in der tafl heraus tragen und an die maur gelaint und die zerhauen, doch nit gar[2]. man hats der oberkeit heftig 10 anzaigt, die abgotterei darvon zethun, aber da hats niemant thun wöllen. doch hat man den Rechlinger in die eisen gen haissen, der ander hat sich zů der stat hinaus gemacht. also ist er von aim rath auf ain thurn ge-schafft worden 14 tag und ain jar kain messer zů tragen und die wirts-heuser verpoten, und sei gůt ꝛc.; ist im balb darnach widerumb erlaubt 15 worden, ist ain klaine person gewesen, abelich.

1532.

[18ᵃ] Item abj. 3. jenner 1532 hat Hans Paumgartner sein tochter Cristophen von Knöringen geben[3], und ist das einreiten gewesen und die hochzeit, darauf vil abels und ailf wägen mit frauenzimern. und was der 20 vater bapstisch und die müter euangelisch, doch sie muest nachgeben. und hielt ain köstliche hochzeit mit mechtiger hoffart mit dem kirchgang auf dem stift und mit vil pfaffen und unnutz, gotlos volcks. da man zů kirchen und tantz geen muest, da warent kerren mit sandt ba, daß man die kleider mit sammat und seiden nit verunrainiget, daß kain hundt daran saichet. also 25

25. Hier folgt in der Handschrift ein Satz, der offenbar nicht hierher gehört: 'Und was das euan-gelion groß im maul, aber wenig im herzen, man ließ die prediger schreien und klagen, je übler und ärger man theilt'.

Ulm S. 221 ff.; Keidel, Ulmische Re-formationsakten in den württembergischen Vierteljahrheften, Neue Folge, 4. Jahrg.

1. Von ihm war schon oben (S. 35) die Rede. Nach der Manlich schen Chron. (Augsb. St. Bibl.) hätten, was wahr-scheinlicher ist, die Predigten am Frei-tag, den 8. Juni, wieder begonnen. S. Roth, A. R.-G., II S. 21 mit Anm. 61 auf S. 31. Die Umstände, derentwegen diesem Prädikanten das Pre-bigen von seiner Wiederanstellung an bis zur genannten Zeit verboten war,

f. ebenda S. 13 ff.

2. Die Thäter waren nach Sender S. 333 Ulrich Rehlinger, der Sohn des gleichnamigen Bürgermeisters, und ein Knecht.

3. Hans Baumgartner, der mittlere, einer der reichsten Bürger der Stadt, der seit 1536 die sogenannte reiche Steuer be-zahlte (Strieber, S. 50 ff.). Er war seit 1512 vermählt mit Regina Fug-gerin. Die in Rede stehende Tochter hieß ebenfalls Regina (Warnecke S. 37).

sindt etlich am 4. tag hinweck zogen. unb da man den armen hat sollen
geben, da hat man inen spielachsupen, pfeffer unb mueß durcheinander ge-
schuett. unb da es zerunnen ist, da hat man ainem ain pfening geben.

Item abj. 26. december ist Hans Bimel mit tobt abgangen, ist seiner
hausfrauen in der schoß gestorben[1]. also sindt dieselbigen zwen brueder
in kurtzen jarn nacheinander abgangen; unb haben den gemeinen mann in
iren schreibstuben großmechtig beschwert.

Item abj. 15. hornung 1532 ist kumen Capito, ain prebiger von 15. Febr.
Straspurg, ain rechter, nachgeender Paulus, [sich] uber die prebiger des
euangelion zu erkunbigen in der leer unb hat uns acht prebig thun von
unserm wesen[2], das wir hie treiben mit solcher grossen hochfart, neib
unb haß; wann es was ain jar ober sechsen das gotlos volck, die herren
von [18ᵇ] der stuben, mit irem grossen bracht so hochfertig. sonderlich
was ainer, ain aufgeblasener, hoffertiger, reicher, gotloser, teuflischer
unb geitziger mann in seinen sack mit namen Hieronimus Imhoff[3], der bo
war mit allen listen umgeben. er erdacht ain gemainen nutz in die camern
zu machen mit dem golbt [unb macht], daß man zun zinstagen unb
Franckfurter meß golt geben mießt. alsdann so gab man vom rathaus
zwai ober brei tausent gulden in müntz, so mießt man dann den gulden
umb fünf kreutzer ober mehr kaufen, sunst galt er sechtzehen patzen. item
am ungelt mießt man golbt haben unb zu andern steurn[4], da was schon
am gulden zu 5 kr, 10 kr verlorn.

Item derselb mann, vorbenannt, richtet unb regniret die gantze stat,
hoch unb niber, unb was kain mensch da, wann es nit bei im war, der
im güts redet ober gunnet, auch ein gantze gmain durchaus. er war [es]
auch, der die fasnachtspil alle jar verpot. aber das jar 1532, da wir
mainten, baß wir gantz ruewig sollten gewaibet sein, bo fieng er an, daß
man mueßt den herren tantz zur fasnacht haben unb begeen. da waren
die würfl gelegt unb der gemain ain grosser stoß geben unb ergernus angericht.

11. In der Handschr. nach 'treiben' ein sinnstörendes 'unb'.
schlüg barauf'. 17. Handschr. 'auf das goldt unb

1. Hans Bimel, der Bruder des oben
(S. 47) genannten Antoni, wurde nach
dem Bimelschen 'Stammenbuch' im Jahre
1476 geboren unb starb am 31. Dezember
1531; er war in erster Ehe seit 1505 mit
Clara Ebemin, in zweiter seit 1524 mit
Felicitas Honolbin vermählt.
2. S. über den damaligen Aufenthalt
Kapitos in Augsburg, über seine Pre-
bigten unb den Zweck, den sie verfolgten,

Roth, A. R.-G., II S. 19 mit Anm. 77
auf S. 30.
3. Hieronymus Imhof, der Bürgermeister.
4. Das Gebot, baß die einen Golb-
gulben übersteigende Steuer in Golb zu
entrichten sei, bestand schon seit 1519.
(Ratsbekr. ad h. annum Bl. 121). Imhof
war in diesem Jahre zum britten Male
Altbürgermeister.

4*

Die gemain war fast still, hett gern das best getan und hett [gern] das wort des herren gewaltig [gesehen]; aber wir groß herren [waren desto] erger dawider. der kaiser war nahent umb uns[1]. got erbarms! also da muest man also wieten, voran hie, wir die von Augspurg; konten wir nur, und hetten [19a] wirs mugen thun und schicken, [wir hetten das evangelium vernichtet]. wie der kaiser auf ain abent ain post geschickt, daß man kurtz des entecristen leben und pot widerumb sollt annemen, da saß man von sechs uhr bis neun uhr in die nacht im rath; da kunts der aineck Paul mit seinem anhanck nit erhalten; doch es war nit weit darvon[2].

Item auf die zeit verpoten hie die herren die hochzeit, daß kain bruebers frau, geschwisterget mann, kains zum mal gesetzt [wurd] und auf hochzeit weder gaben noch schencken[3]; man wollt die burger karg ziehen.

Item adj. 29. augusto hat das korn umb 4 1/8 ß d. aufgeschlagen, und was uberaus gnüg gewachsen alle frucht: koren, haber, waitz, gersten, ein uberfluß wein, zeitig 14 tag vor Bartholomei. und machten die pecken an dem traidt ain aufschlag. es kunt der paur nit herein farn: 'wie gibts? ich wills haben', und verstuendt der burger den pecken. man hat gesehen, wo es den pecken gelegen: sie haben paut das peckenhaus an der Schmidtgassen beim Burgerbad, am Perlachberg das eghaus am Judenberg auf der Hofstat, im Kollergeßlen [ein] eckhaus hinden, in der obern stat zwai. item sie haben ain rath gemaistert; wann sie gewöllt haben, so hat man kain laib bei keinem pecken konnen finten zu kaufen, und haben nit korn gehabt. also hat ain rath gehausiert von ainem haus zum andern und haben gefunden bei 14 karren korn. hat man bevolhen dasselb abzupachen und kainer in der schrannen nichts zu kaufen sunder ab den kesten[4] [zu nemen].

12. Nach schenken finnlos in der Handschr. 'in anderthalben jarn'.

1. Während des Regensburger Reichstages.
2. Davon kann in dieser Zeit, da die Durchführung der Reformation in Augsburg erst im Jahre 1534 erfolgte, keine Rede sein. Was hier erwähnt wird, trug sich am 29. Sept. 1534 zu. S. Roth, l. c. II S. 217. — 'Der aineck Paul': Imhof, der öfter als 'monoculus' bezeichnet wird.
3. Cod. germ. 5052 S. 351 berichtet: 1532 hett Christoff von Stetten hochzeit mit Conrat Rechlingers tochter Madalena, und wollt niemand kain schankung nemen, wie dann zuvor der prauch was. das gab ain rat hie ursach, daß sie von stunban ordnung mit den hochzeiten machten, auch das gaben oder schenken verboten. — Die erwähnte Hochzeit war am 22. April 1532. — Vgl. Sender S. 337; Gasser-Werlich, III S. 23. — Welch ungeheurer Luxus in dem Beschenken der Brautleute eingerissen war, kann man aus den darauf bezüglichen Abschnitten in dem Tagebuch des Lucas Rem (Separatabdruck) S. 45 ff. ersehen; eben daraus (S. 54) ist aus den letzten Posten aber auch zu entnehmen, daß das 'Gaben', wenn es auch 'scharf' verboten war, doch nicht unterblieb, nur daß man die Geschenke statt zur Hochzeit bei der nächsten passenden Gelegenheit machte.
4. Ratsbekr. ad ann. 1532, Bl. 72b: 'Uff den britten tag septembris ist mit

[19ᵇ] Item abj. september haben die von Augspurg aus der stat ain marckt gemacht, und am dornstag und am freitag zů mittag ein fanen auf= und abgesteckt, niemant kain traibt zů kaufen vor oder nach, bei straff eins raths[1]. das geschach von der pecken und furkaufs wegen. man zog dem armen die feber durch die nasen.

1533.

Item abj. 22. mai hat Anthoni Fugger zů sant Moritzen am auffart tag ain hergotznbild machen lassen, aim gantzen rath und gemeiner stat züwider[2] den götzn aufgefürt mitsambt den pfaffen, und haben das loch auf der bin underm dach, so verschlagen gewesen, on ains raths wissen und willen, auch on die zechmaister Marx Echen[3] und N.[4] wider auf= prochen und das pild hinauf zogen. da ist der vogt[5] und Marx Echem und die statknecht kumen und haben das pild mitsambt den engeln zum himel herab geworfen und gestoßen, daß den engeln der hergot ist zů schwer worden und seien alle zerfallen. da haben sich die Fugger und die pfaffen hinaus gemacht, daß nit der teufel hernach komme. da ist ein groß gedem worden von der auffart.

Also hat man den Fugger fur rath gefordert[6] am sambstag. da hat   24. Mai man in auf sein erbietung und furnemen nit anders gestrafft, dann auf aid und gelübd, diweil ers in kainem auflauf, bergweltung oder ver= achtung getan, drei tag auf ain thurn und funf tag, für ain tag fl 5,

---

11. Nach N. in der Handschr. sinnstörend 'und'.   21. Nach 'funf tag' in der Handschr. 'das ist acht tag'.

---

den vorgeern der becken geredt, daß sie den becken, so vorgeends mel haben, verschaffen, daß sie ir vorhabent mel verbachen bei dem anschlag, wie in der nechstmals geben sey, und dieselben zeit kain korn kauffen sollen in der schrand.' — Dieser 'Anschlag' lautet (ebenda, Bl. 71ᵇ): 'Todem die (29. August) ist den becken der anschlag gebn: den roggen zů bachn uff 14 ß 2 d 1 lib und 1 sterbung, tut fur 4 d 2½ ₰.' Auch sonst wurden um diese Zeit den 'Becken' ver= schiedene zweckmäßige Auflagen gemacht.

1. Vgl. Sender S. 337, wo der In= halt des am 4. September 1532 ver= fünbeten Berufes, aus dem unser Text einiges anführt, ausführlich mitgeteilt ist. Demnach durfte der Verkauf von Korn nur am Donnerstag von 12 Uhr mittags bis 6 Uhr abends und am Freitag bis mittags 12 Uhr stattfinden, und zwar nur auf der Schranne bei St. Morit, wo der Anfang und der Schluß der Ver= kaufszeit durch das Aufstecken bezw. Ab= nehmen einer Fahne sichtlich gemacht wurde. Ausgenommen waren die Geist= lichen, die Bürger und die Stiftungen, die eigene Kästen hatten; die konnten ver= kaufen, wo und wann es ihnen beliebte.

2. Dieser Vorfall wird fast in allen Augsburger Chroniken mehr oder minder ausführlich erzählt. Vgl. Sender S. 340 ff. Gasser-Werlich, III S. 25. — S. Roth, A. R.-G., II S. 121 ff.

3. Marx Ehem, einer der großen Kaufleute der Stadt. S. über ihn Strie= ber, S. 143.

4. Sebastian Neumiller.

5. Alexander Beßler.

6. S. die Verhandlungen in den Drei= zehnerprotokollen.

ift 25 fl, [zů geben]. aber es ift im nachgeben worden[1], baß er die brei tag [20ᵃ] vor mittag hinauf gangen. bas ift die ftraff gewefen, wie ain fprichwort ift: bem reichen als bem reichen, bem armen, baß got erbarmen.

10. Juni

Jtem abj. [10] brachmonat am aftermontag ba hat Marx Echen bie monftrantzen mit bem pfaffen hergot zů fanbt Moritzen hinauf [in] ben chor tragen[2] unb inen gefagt, fie follen im ain anber haus befteen, bamit baß er verfichert werbt.

Jtem auf ben brief vorbenant, ber gefunden warb von ben pecken[3], ba gefchach barauf ein groffer beruef alfo[4]: wer ben anzaiget, bem wollt man geben taufent gulben, unb fo er gleich wer berfelben [fach] verwanbt, fo wollt man im fein leben fichern. alfo trueg fich balb barnach zue, baß man ain zůgefellen fing von bem pfarrhoff zů Unfer Frauen, was pfarrer ainer von Kaltental[5]. unb wurde vil rath haimlich, ftill unb verporgen von ainem rath in ben fachen gehalten; man faget nit bem pfarrer, was er, [ber zůgefell], thun hett. bie fach war ftill, wann man wollt mit bem pfaffen hanblen mit einer rechten maß, baß ein jetlicher weßt, waran er wer bes glaubens halben, voran mit ber prebig, wie vormals oft gemelbet ift; barzů ber groffen wiberwillen unb lügen aufbringen, wie bann bes bapfts gewalt bisher [groß] gewefen ift.

Alfo hat man barnach ben pfaffen mitfambt etlichen gefanten bes raths mit namen Frantzen Hoffmair unb Bernharten Sporer, zunftmeiftern ber fchmibt, boctor Langawer unb Jorgen Peittinger, fchreiber, unb etlichen fölbnern gen Behrn pracht, ift inn gelegen ain baber, ain meifter zů Beirn. alfo hat man nit vil [20ᵇ] ausgericht mit bem pfaffen, ift für nichten gewefen unb bem paber unrecht gefchehen von bem gotlofen pfaffen mit feinem bekennen. barnach hat mans bebe ausgelaffen[6].

---

10. Hanbfchr.: 'verwanbten'.   14. ftatt 'bem' in ber Hanbfchr. 'vom'.   18. 'barzů in ber
Hanbfchr. verfehentlich nach 'oft'.   18. Hanbfchr. 'außzůbringen'.

1. Das Urteil bei Senber S. 344 Anm. 1; es wurden ihm von den brei Tagen, bie er im Turm fitzen follte, zwei nachgelaffen, fo baß feine Haft nur einen einzigen Tag bauerte.

2. Vgl. Senber S. 344.

3. Hier ift wieder etwas ausgefallen, benn in unferm Text ift von bem Brief, auf ben als 'vorbenant' hingewiefen wirb, nirgenb bie Rebe. Es hanbelt fich um einen an ben Rat gerichteten Drohbrief, ber Mitte Juni 1533 auf ber Perlachftiege gefunben worben war. Von biefem Briefe, ber im Rate große Erregung hervorrief,

berichten faft alle gleichzeitigen Augsburger Chroniken. S. z. B. Senber S. 354, Gaffer=Werlich (unter bem unrichtigen Jahre 1532), III S. 23.

4. S. ben Wortlaut bes 'Berufes' bei Senber S. 355.

5. Der 'Zugefell' hieß Bernharb von Amerfee, fein Pfarrer war ber Domherr Cafpar von Kaltenthal. S. über bes letzteren Perfönlichkeit Braun, Gefch. ber Bifch. von Augsburg, III S. 615.

6. In Wirklichkeit war ber Sachverhalt folgenber: Der Rat erfuhr, baß ber gefangene Priefter mit einem Baber in

aber wie mans hat mieſſen pueſſen, iſt in der feder belieben, dann man hat ir jedem alle jar 100 fl mieſſen geben [1].

Item abj. 11. auguſto hat man zů ſanbt Moritzen den thurn ab-brochen [2] mit ainem ſpitzen und hohem dach. it. der zeit der furgeeſt im
5 zimerwerck geweſen meiſter Conradt Peck.

Item abj. 2. herbſtmonat hat man ain frau auf den dranger geſtellt   2. Sept. und ſie ausgerueft mit kupln und einſtoſſen, und ſelbſten das handtwerck triben. alſo hat man ſie durch packen prent [3]. und als der ſtatknecht ſie unter die arm genomen, da hat ſie geſagt: 'es mieſſen noch vil huern her-
10 nach komen'; hat gehaiſſen Lucia Heillerin. armut mueß klagt ſein.

Item abj. 16. weinmonat 1533 ſeien die von Fueſſen komen und [an]   16. Oltober ain rath furbracht und begert, korn alhie aufzůlaufen [4]. und wie die red im

---

4. Handſchrift 'ainer' ſtatt 'einem'.

Kaufbeuren in letzter Zeit Briefe gewech-ſelt habe, und veranlaßte, daß Letzterer an ſeinem Wohnort in Haft genommen wurde. Gleichzeitig wurde derjenige, der den Brief gelegt hatte, in der Perſon eines Schneiders ermittelt, gab aber an, daß er dieſen von einem ihm Unbekannten erhalten habe. Er wurde nun zuerſt dem Amerſee gegenübergeſtellt, dann in Kauf-beuren dem Bader; aber er konnte weder in dem einen noch in dem andern den Geſuchten erkennen. — Die Baurechnung des Jahres 1533 enthält Bl. 49ᵃ unter dem 9. Auguſt den Eintrag: 'It. 66 gulbin 1 ℔ 1 ß, ſo herr Franz Hofmair ſampt Bernhart Thoman (dem 'Sporer') gen Kaufpeirn und herab anhaimß in 7 tagen verzert haben'. Der ihnen beigegebene Schreiber hieß nicht Peittinger ſondern Burger; Baurechnung, Bl. 49ᵃ: ,It. 3 glb. 12 ℔ 2 ß 3 h Jorgen Burgers rettgelt gen Beirn'. Er wird in den ſtädtiſchen Büchern dieſer Zeit unter den 'Dienern' der Stadt aufgeführt. — Doctor Langawer iſt der Augsburger Syndicus Dr. Balthaſar Lagnauer.
1. S. hiezu Senber S. 357 Anm. 2.
2. Der Turm von St. Moritz endete mit einer Helmſpitze, die im Jahre 1533 durch ein niedriges Kupferdach erſetzt wurde. Vgl. Senber S. 359. Ein ge-naues Verzeichnis der Koſten, die der Umbau veranlaßte, ſ. in dem Codex: 'Der zech einnemen vnd außgeben' (Stabtarchiv, Schätze Nr. 11). Gleichzeitig mit den

Änderungen am Turm wurden auf einem Teil des die Kirche umgebenden Kirchhof-grundes dreizehn an dieſe anſtoßende Läb-chen gebaut, von denen ſieben an Schuſter und ſechs an Tuchſcherer vergeben wur-den. Sie wurden im Jahre 1534 fertig.
3. Der Name dieſer Kupplerin, deren Urgichten ſich erhalten haben, iſt Agnes Belhelerin. Das Urteil lautet: 'Agnes Belhelerin von Augspurg, ſo auf dem pranger ſteet, hat nit allein fur ſich ſelbs mit eeleuten und andern perſonen vil-maln den eebruch begangen, ſonder auch anber mans- und frawenperſonen, eelewt und ledigs ſtands, in irem haws und an andern orten inner- und außerhalb biſer ſtat zůſamen kuppelt, eingeſtoſſen, beher-bergt, eſſen und trincken geben, alſo lange zeit zum eebruch hilf und furſchub gethan. darumb ain erber rat biſer ſtat Augspurg angeſehen und erkennt hat, das bemelte Belhelerin durch ir bald backen gebrennt, alsdann aus der ſtat gefuert werden und ir lebenlang nit mer darein noch derſelben ether komen ſolle, davor ſich menigclich wiß zů verhueten. Actum den 2. tag ſeptembris anno etc. 33'. (Urgichten-ſammlung).
4. Am 19. Oltober 1533 richtete laut einem in der Literalienſammlung aufbe-wahrten Schreiben Bürgermeiſter und Rat der Stadt Füſſen an die Augsburger die Bitte, bei ihnen auf der Schranne oder ſonſt irgendwo, 'ſofer es on nachge-ſchrai' geſchehen könnte, etliche Schaff

rath umbgangen, ob man das soll volgen lassen, da ist die rebt an ain
frumen mann, der scheffler zunftmaister, komen; hat er erkenth, daß in die
sach nit fur gůt ansech, ursach der bischoff hab vorhin vil kesten im bis-
thumb uberall. soverr auch des bischoffs volck solchs von nöten wer, so hett
man inen [damit] wol [21^b] zů helfen. es weren sunst schwere, teure leuf 5
unb zeit, es schlieg all marckt auf, unb wer nun lange jar in hohem gelt
gewesen. so hett niemant das koren gelt unb holtz beieinander dann die
geistlichen unb ir, die da haben das korn auskauft unb gen Venedig fuern,
damit das in hohem gelt beleib. unb ir seit die, so solchs thun. also, darnach man widerumb rath gehabt, hat man ine der reb angesprochen, ob er 10
des willens noch sei. hat er geantwort: 'ich bestee es noch, ist auch war'.
hat man in darauf hinaus geen haissen unb wider hinein erfordert: ob er
noch des willens sei? er gesagt: 'ja'. also hat man in haim haissen geen,
bis man nach im schick. da ist es lautmer worden, unb hat ime beschriben
alles sein guet, das weder [zů] verrucken noch zů ruern, unb angeloben 15
muessen on ains raths wissen unb willen nit aus der stat zů ziehen oder
zů geen[1]. diese sach ist war gewesen, aber ir etliche habens nit leiden
konnen, damit korn unb schmaltz nur aufs höchst bracht [wurb]. da haben

Korn kaufen zu dürfen, da man 'in der
neche und den umbligenden märckten'
nichts bekommen könne.
1. Ratsbekrete ad annum 1533, Bl.
86^a: 'Uff 22. tag octobris anno etc. 33
hat Clas Spät, schaffler, seiner frevenlichn
reden halben, so er in ainem rat gethann,
nemlich daß die reichen gelt und korn bei
ainander haben, und man lach sein, wie
man wolle, so werde man solhe mit der
zeit finden, hinder ainen erbern rat geschworen, sein leib, hab und guet one ains
erbern rats wissen und willen nit zů verendern noch zů verrucken, und dweil und
so lang er von ainem rat seines aibs und
verstrickung nit erlassen, dieselb zeit sich
des rats muessig zů steen und nit darein
[zů] komen, und daß er sich solher und
dergleichen frevenlicher wort unb reden
müssigen, unb was er wider ainen erbern
rat als die oberchait horte, anzaign solle.
unb ime daneben auch gesagt worden,
daß man aufmercken auf ine haben und
bestellen, und wo er sich anderst, dann sich
gepurte, halten wurde, [wurde] ain erber
rath verursacht gegen ime zů handlen.'—
Ebenda, Bl. 86^b: 'Uff 4. tag novembris
anno etc. 33 ist Clas Spät auf sein höchlich unb diemütig anrueffen unb beger
seins aibs und verstrickung sein hab und
guet nit zů verrucken erlassen und re-
laxiert worden.' — Ebenda, Bl. 87^a: 'Uff
25. novembris anno 33 ist Clasen Späten
durch herrn burgermaister Rehlinger von
ains erbern rats wegen gesagt worden,
daß ain erber rath ine, Späten, der unpillichen unb ungepuerlichen reden halbn,
die er auf 22. tag octobris in ainem
erbern rath, wie hievor stat, gethan, nit
unpillig, doch ime zů kainer schmach, in
glipt unb verstrickung genomen unb gegen
ime gehandelt [worden sei]. unb wann nu
ain erber rath sich genzlich versehen, daß
er, Späth, hinfüro solher unb dergleichen
ungepurlicher unb unzimblicher reden absteen, sich derselben muessigen werde:
demnach und auf sein beßhalben beschehen
anrueffen und entschuldigung wolt ain
erber rath ine, wie hievor auch beschen,
seiner verstrickung unb aibspflicht erlassen,
nochmals der zůversicht sein, er wurde sich
mit seinen reden dermassen halten, daß
ain erber rath noch sunder personen seiner
erberkheit unb eren halben nit angetascht
werde, unb darauf möge er, Spät, als
ain ratgebe widerumb nibersitzen.'

der andern zunftmeister ir keiner bei der warheit wollen steen. also
geets in der welt zů.

Item abj. 21. wintermonat da schlueg das koren alle freitag hinauf 21. Dez.
umb 2 ß und umb 2½ ß[1], und alle ding, nichts ausgenomen. da was
5 kain einsehen. ein rath solts thuen, aber er thets selb und straffet kain
parthei die ander. wann ain armer man kam, der kain rucken hett, der
muest dann herheben, der was der recht, er muests thun haben. aber
etlich im rath dazumal, die kauften das korn auf und schicktens gen
Venedig. da mans fraget, wem sie das korn kauften, da sprachen sie:
10 'meinen herren Zimprecht Hofer und Marxen [21ᵇ] Müller [und] Beckly'[2].
die schickten das in pallen weg! und in vassen, welchs auf der straß gefunden wurd; da leget man ein arms weib ubernacht in die eisen[3], damit
das nit war sollt sein. das uberig verstuendt man wol; man kundt wol
mit kluegen worten hofiern und in einem kleinen stuck der gmain ain nasen
15 machen, als das fleisch, wie vormals davon geschriben ist[4], umb ain haller

6. Handschr. 'andern'. 14. Handschr. 'auf kl. worten'. Nach 'und' das Wort 'etwas', von
uns gestrichen.

1. Die Preisverhältnisse des Getrei-
des waren schon das ganze Jahr über un-
normal gewesen. In einer Augsburger
Chron. der Münchener Hof- u. St.-Bibl.,
Cod. germ. 3025ᵃ heißt es Bl. 49ᵇ:
'Auch biß jars (1533) galt zů Augspurg
ain schaff keren nach pfingsten [1. Juni]
vier gulbin, der rocken sechs und zwainzig
schilling. darnach am dornstag vor Mar-
grethe [16. Juli] schlůg der rock wider ab
und galt der neu rock vierzehen und zwelf
schilling. der haber kam uber den rocken,
das doch nie erhöret worden ist, und galt
der alt haber mehr dann zwen gulbin;
die gerst galt noch mehr, 17 und 18 schilling. darnach um Galli [16. Okt.] galt
ain schaff keren 29 schilling und der rock
22 schilling, die gerst sechzehen schilling,
der haber neun schilling und ain pfundt
schmalz achzehen pfenning.'
2. Simprecht Hofer, Zunftmeister der
Salzfertiger, 1530 Einnehmer, seit 1531
Baumeister, seit 1538 Bürgermeister;
Marx Müller, Zwölfer der Salzfertiger
und Mitglied des kleinen Rates. — Böckly
wird Pankraz Böcklin sein, Zunftmeister der Salzfertiger.
3. Sie hieß Margaretha Labenwölfin.
Die über Hofer in Umlauf gesetzten Nachreden vermochte sie nicht zu beweisen.

Das Strafbuch für die Jahre 1533—39
berichtet (Bl. 15ᵇ): 'Uff 17. tag novembris anno etc. 33 ist Margreth Laben-
wolfin, so vergangner zeit in der schrand
gegen Simprechten Hofers knecht offenlich
geredt, daß sein herr, Simprecht Hofer,
das korn in der schrand aufkauf, einschlag,
hinwegschick und damit wuchere, und es
thue nit gůt, man schlag dann die bür-
gersknecht ainstails zů tod ꝛc., in eisen gelegen und auf heut, wie ir im außlassen
auferlegt, vor rat mit ofner thür und in
gegenwärtigkait der personen, vor den sie
solchs geredt, dem obgemelten herrn Simprecht Hofer, so gegenwirtig stuende,
durch sich und aus irem selbs munb ain
offenlichen widerruf gethan, dergestalt,
daß sie obgemelte worte mit ungrunb und
neben der warhait ausgossen und geredt
und ime damit unrecht gethan hab. und
ine darauf zum höchsten ersůcht und gebeten, ir ime mit unwarhait zůgefuegte
schmach umb gots willen zů vergeben und
zů verzeihen, welches Hofer gethan. und
der Labenwölfin ferner zů straf auferlegt,
daß sie in irem haus auhaim beleiben
und in 14 tagen nit daraus komen solle,
dem zů geleben sie angelobt hat.
4. Davon findet sich in dieser Chronik
nichts.

das pfunbt neher setzen unb baneben bas inschlit bas pfunb umb ain haller auffschlagen.

Item sie verpoten bem armen bas prot, fleisch, wein; man borft bei keinem wirt pratns ober wurst noch morgen suppen geben, unb wann man zechet, wann ainer kam auf 4 kr, ba muests ber wirt sagen; ist ainer bei [5] einem patzen, so muest man aufhören, er hett genüg ober nit. es aß ainer [für] 4—5 ober für 6 b brot unb hett noch nit genüg[1]. ain maß wein galt 8, 9, 10, 11, 12 b. wo was ber keß? merck ain jetlicher, was es für ain ordnung gewesen ist. es war alles mit grossen straffen aufgesetzt unb alles nur uber ben armen gericht. item wann ber suntag kam, ba [10] was bas haus vol volcks mit straffen umb gelt. ba sach man selten ain reichen; sie kunten wol mit ben gesellen abtragen.

Item man kunbt aber nit barzü sehen, baß man bie gulben kunbt herab bringen auf alten brauch, nur hinauf, auf alltag umb 1 b, bis er kam auf 7 kr.; bas kunbt man treiben am weinmarckt in ber müntz, unb [15] Lienhart Pfister[2] [war] ber rechenmaister unb ber wucherer renmaister. ba hett er ain nutz von n. ba war ben armen bas hertz blueten. sie konten nichts, wann man sich heufer [22ᵃ] unb anber bing, nichts ausgenomen, nur um golbt hin. unb ber es aufbracht hat, ist ber Imhoff[3] gewesen, ain geschaiber man. er hett auch haimlich junger, bie im zuetruegen bie [20] neuen mehr allenthalben, wie vor gemelt, in ber gantzen stat. man kont nichts ausrichten, er muest solchs wissen ober bie sach erkunbigen. Got geb, bas [es] wol gerat!

1534.

Item abj. 7. jenner ist zum burgermeister erwelt worden Wolf Rech- [25] linger[4], ain junger man zwuschen 27 unb 28 jaren, ain jurist, gelert, anstat Jorgen Vetter, war alt worden, baß er sichs nit anname. aber er hett ain zügesellen, burgermeister Imhoff, ber was ains gantzen rath zuchtmaister unb unterweiser; ber was im nutz in ben sachen zü hanblen.

---

5. In ber Hanbschr. vor 'ist' bas Wort 'es'.
22. Hanbschr. nach 'nichts' sinnstörenb 'wissentlich'.

21. Hanbschr. 'genent' statt 'gemelt'.

1. Es scheint sich hier um ein Gebet des Rates zu hanbeln, bem gemäß kein Wirt über bie von bem Chronisten benannten Beträge hinaus ben Gästen borgen burfte, wie ein solches auch im Jahre 1541 erlassen wurbe.

2. Leonharb Pfister (nicht aus ber patrizischen Familie bieses Namens), ein ziemlich vermöglicher Mann, war 'Unterkäufel'.

3. Vgl. oben S. 51, 20.

4. S. über Wolfgang Rehlingers Persönlichkeit Roth, l. c. II S. 150 mit Anm. 19 auf S. 165. Er war Bürgermeister in ben Jahren 1534, 1536, 1539, 1541.

Abſ. 16. jenner da hat das loren aufgeſchlagen, am freitag, [auf] 24 ß b; das hat gemacht die binſternus durch burger peck [1].

Item es unterſtuendt ſich ain groſſer euangeliſcher mann, vorbenant, mit dem loren. da galt das korn fl 2, da het er kain loren; ſo aber das korn in 14 tagen hinaufſchlueg, daß es 24 ß b. galt, da thet er ain caſten auf und gab etlich hundert ſchaf aus gnaden umb 23 ß. alſo da es galt 5 fl [2], da kam ain handwerksmann — er hett ein kindt verheirat — umb ſein lidlohn. und arbaitet [bei im] umb gelt, da war er nit bei gelt, aber er wollt ine korn geben, das wer ain gueter werth. der handwercksmann aber dorft nit ſprechen: 'das gelt dörft ich baſer wol an zehen [22ᵇ] orten', und mueſt korn annemen; da war im die arbait umbſunſt. das haiſt den armen das marck ausgeſogen. in ſumma: man hielt ob den 600 knechten [3] damit ſich nit ein auflauf zů Augſpurg im volck erhůb, dann ſie forchten ſich ubl mit irem pieten und ſtraffen. da was alle tag ain neues; man blib in keinem weg bis zur zeit.

Item auf die zeit zog Anthoni Fugger hinaus gein Weiſſenhoren auf ſein graffſchaft Kirchperg und maint den burgern ain groß laib zethun und maint, er wollt ein gantze commun bochen von der auffart des her- gots wegen.

Alſo zog herr Anthoni Fugger hinaus in ſein heimat Weiſſenhoren [4], da wollt er warten, bis ein ander got kem. da ratſchlaget man tag und nacht haimlich in den burgermeistersheuſern, und waren als groß fröſch im bach, daß der gemain mann ſech, man maints ſo guet. doch ſach man wol, daß das wort Gottes an tag kumen ſollt, doch kunt man das korn nit wolfail machen. da waren die Fugger widerumb da [5]; ſo es hinauf kam zů 27 ß b., da ſtunden die Fugger an und gabens irem dienſtvolck und handtwercksleuten umb fl 3 und 2½ fl, da war er gelobt von [dem]

2. In der Handſchr. 'doch' ſtatt 'durch'. Worten 'da war er nit bei gelt'. 12. Nach 'knechten' in der Handſchr. unverſtändlich: 'mit aller beſetzung in irer gwalt, wie im ſelbt zügehorig'. 19. Handſchr. 'von des bergots wegen der auffart'.
7. Der Zwiſchenſatz ſteht in der Handſchr. nach den 13. Handſchr. 'man forcht in'.

1. Die ohnehin ſchon herrſchende Brot- teuerung wurde in den erſten Monaten des Jahres noch dadurch geſteigert, daß infolge großer Kälte ſämtliche Mühl- räder der Stadt einfroren. Von der entſetzlichen Not, die damals infolge des Froſtes und des Brotmangels in den un- teren Schichten der Bevölkerung herrſchte, berichtet ausführlich Sender S. 364 ff. Gegen Oſtern nahm die Teuerung noch zu. Sender S. 378.

2. Vgl. Sender S. 367; die Lan- genmantelſche Chronik Bl. 579ᵇ.
3. Sender S. 378.
4. Anton Fugger kam 18. Juli 1533 nach Weißenhorn und blieb dort bis zum 21. Jan. 1536, an welchem Tage er ſich zu längerem Aufenthalte nach dem Schloſſe Midhauſen begab. S. die Weißenhorner Hiſtorie, l. c. S. 191, 210.
5. Vgl. hiezu Sender S. 379.

gmainen volck. unb der in allen dingen anfieng zum ersten aufzüheben des babsts boten unb seine satzungen¹, wartet mit etlichen schaff koren, so es 12 ß d. [galt], bis [es] widerumb fl 4 galt, da thett er auch auf das koren unb gabs umb 23 ß d. da sach man wol, wa es im lag. das sach man an der frucht, was es fur ain paum was.

[23ª] Item abj. 9. mertzen hat man meister Hans Hacken, statschreiber, das ampt verlihen² unb das schuechhaus, neu paut, zur cantzlei gemacht³.

Item abj. 25. junii ist der burgermeister Imhoff gen Nürnberg geritten. da hat man wöllen mit den geistlichen handlen. also hat er die drei burgermeister betten; haben sie gesagt, sie wollens ainem rath anzaigen; hat er gesagt, er wolle hinwegkreiten, er woll dannest nit darbei sein unb nichts darzü helfen, wann er hat miet unb gab von pfaffen eingenomen⁴. urtail ein jetlicher uber das pochwerck, was ein burgermeister schwert!

1. Handschr.: 'gemein'. 'alle ding' statt 'in allen dingen'. 2. In der Handschr. sinnlos nach 'satzunaen' das Wort 'unb'.

1. Bürgermeister Imhof?
2. Meister Hans Hagl war der Nachfolger Dr. Konrad Peutingers im Stadtschreiberamt. Das Ausscheiden des letzteren aus demselben wirb durch folgenden Eintrag in der Baurechnung des Jahres 1534, Bl. 64ª, Samst. Valentin (14. Februar) markiert: 'Item 600 gulbin herrn doctor Peutinger für ain vererung in golb'. Doch blieb er noch einige Wochen über diesen Zeitpunkt hinaus im Amte, um Hagl in seinen Dienst einzuführen unb einige wichtige ihm vor dem bezeichneten Zeitpunkt übertragene Arbeiten zu erledigen. Die Besolbung Hagls betrug 100 Gulden pro Quatember.
3. Im Jahre 1532 erfolgte der Abbruch des bem 'Eisenberg' gegenüber liegenden Hauses, in welchem oben die Kaufleute ihre 'Stube', unten die Schuster einige Stände hatten, weshalb es 'Schuhhaus' genannt wurde. Als der Rat an Stelle des abgebrochenen Hauses einen Neubau aufführte, richtete ein Teil der Schuster an diesen die Bitte, darin nicht wieder Schuhläden einrichten zu lassen, da sonst die 'abseits Sitzenden' zu sehr geschäbigt würden. Wie der Rat das Gesuch aufnahm, zeigt ein Eintrag in den Ratsbekreten: 'Uff 10. tag mai anno etc. 33 ist ains erbern rats ainhellige erkantnus, das ist, baß ainem erbern rat nit gelegen sein wölle, hinfüro schuchmacher-

stenb unber der kaufleut stuben machen zü lassen unb zü halten, ben sonbern schüchstern, so die stenb ingehabt, verkünbt worden.' Dagegen wurben ihnen sieben von ben breizehn Läbchen, bie an der Moritzkirche gebaut unb im Jahre 1534 vollenbet wurben (s. oben S. 55 Anm. 2), überlassen. Auch bie Kaufleute erhielten in bem neuen Hause keinen Raum mehr für ihre 'Stube', sonbern es wurbe als Wohnung für ben Stabtschreiber unb als stäbtisches Kanzleigebäube verwenbet. S. hiezu Gasser-Werlich, III S. 25 unb bie Augsburger Schusterchronik in bem Cod. germ. 2648 ber Münchener Hof- unb Staatsbibliothek, Bl. 41ᵇ.
4. Bürgermeister Imhof hatte sich, als bie Beschlußfassung wegen Durchführung ber Kirchenreformation (innerhalb gewisser Schranken) bevorstanb, angeblich Geschäfte halber nach Nürnberg begeben, aber seinem Mitbürgermeister Wolfgang Rehlinger sowie ben beiben 'alten Bürgermeistern' (nämlich benen des Vorjahres Ulrich Rehlinger unb Mang Seitz) versprechen müssen, nach vierzehn Tagen wieder zuhause zu sein. Da bies nicht ber Fall war, berief ihn ber Rat in einem Schreiben vom 7. Juli 1534 zurück. S. dieses Schreiben bei Wolfart, bie Augsburger Reformation in ben Jahren 1533/34, Leipzig 1901, S. 153.

Item auch ift austretten Conradt Rechlinger der alt, Wolf Langenmantl, Laux Schellenberger, Frantz Hoffmair und Hans Rechlinger[1] aus
dem rath, haben die hend uber ain rath wollen zwachen, wann fie haben
mit den geiftlichen gelaicht.

5   Item den 24. tag julii hat man zu fandt Johans am freitag, an
fandt Jacobs abent, predigt[2]. da ift ain groß getuml im bapftifchen volck
aufgewcekt worden wider der ftat ratsherren, und fie gefchätzt und ver-
leumbt ain gwalt mit der heiligkeit zu treiben.

Item abf. den erften augufti haben die zu Unfer Frauen im thum
10 die filberen tafl ausm lohr hinweck thun und gen Dillingen gefuert zu
irem abgot[3]. alfo [23ᵇ] haben die von Augspurg ain mandat ange-
fchlagen, aus was urfachen fie es thun haben bis auf ein bisputacion,
[die fie] mit inen halten wollen, aber fie nit dargewöllt[4].

Item abf. 17. herbftmonat haben die von fand Steffan, die erberen   17. Sept.
15 frauen, darvon gewollt und haben fünf wägen mit guet geladen und gen
Höchftet fueren wollen[5]. da ift der vogt[6] komen und hat inen von raths
wegen anzaigt in summa: ziehen fie hinaus, das laß ain rath gefchehen;
aber das follen fie fich verfehen, nimmermehr in die ftat zu komen, weder
mit kaifer, konigen oder fürften. alfo haben fie widerumb abgeladen, und
20 ift die fart aus gewefen.

1535.

Item abf. 10. hornung ift zu kirchen gangen Hans Philip Schad   10. Febr.

7. Handfchr. 'gefchupt'.   13. Handfchr. 'und mit inen halten wollen'.

1. Diefe Notiz ift unrichtig; die vier
zuerft genannten blieben auch noch weiterhin im Rate, Hans Rehlinger war aus
diefem fchon im Jahre 1531 ausgefchieden.

2. St. Johann, nahe beim Dome und
eine Nebenkirche beffelben, ift feit 1808
abgebrochen. Dort hatten von 1534 bis
1537 die vom Rate beftellten Prädikanten
abwechfelnd zu predigen. Klagen über
das Eindringen der Neugläubigen in die
Kirche f. bei Roth, A. R.-G., II S. 179.

3. S. das Schreiben der 'Verordneten'
des Domkapitels an den Bifchof dd. 28.
Juli 1534 bei Roth, A. R.-G., II S.
200 Nr. 20. Sie erklären darin, 'des cors
und fronaltars zier [und] etlich mer hail-
tum, tafel und ornata' ... 'morgen und
die tag' nach Dillingen fchaffen zu wollen.

4. S. Roth, l. c. S. 177; Sender

S. 389.

5. Die abligen Frauen von St. Stephan, deren damalige Oberin Anna von
Freyberg (1523—1555) war, hatten im
Sommer des Jahres wie auch die In-
faffen anderer Stifte infolge der vom Rate
vorgenommenen Kirchenreformation ver-
fchiedene Bedrückungen und Gewalttätig-
keiten zu erdulden gehabt. S. Primbs,
das Stift von St. Stephan in Augsburg
in der Zeitfchr. des hift. Ver. f. Schw. u.
Nbg. 1880 S. 125; Roth, l. c. S. 191.
— Die Nachricht von der Abficht der
Frauen, heimlich die Stadt zu verlaffen,
ift neu; in dem von uns als Beilage I
mitgeteilten Bericht der Äbtiffin über den
von ihr durch die Reformation erlittenen
Schaden ift hiervon nichts zu finden.

6. Stephan Beßler.

von Mittlbibrach mit des Jorg Turzo tochter [1] mit solcher hochfart und bracht, aim furstenstandt gleich, und die armüt gantz veracht und verschmecht. hat ir zwaiundreissig tausent hungerisch gulden für alles geben.

19. Ottober
Item darnach am montag [nach] Galli hat der Geiber von Nürnberg hochzeit gehabt mit Bartlmesen Welsers tochter, aber ain schlechten 5 pracht [gehabt], erberlich. und der vater was kaiserisch und die müter euangelisch. sie wurden im haus eingesegnet von der zwitracht wegen [2].

[24ᵃ] Item man hat ain kartenmacher und ein magdt im wirtshaus, gehaissen zum Höchenberger aufm Kreutz, im eckhaus, ergriffen und auch ain schusterin, die den kartenmacher und die magt in irem haus zusamen. 10 gekuplt. also hat man sie alle in die eisen geworfen und hat dem wirt und der wirtin das schencken verpoten, den kartenmacher, magt und kuplerin zu dem thor hinaus gefurt [3].

Anno domini 1535 abj. 2. jenner da ist fur rath gestanden Jeronimus Imhoff, burgermeister langer gedechtnus, und hat protestirt von 15 aufgebung seins ambts hoch und nider, das er lange jar mit gwalt und eingebung getriben. hat nichts können ausrichten [4]. item man hat im

17. In der Handschr. nach 'getriben' der corrumpierte Passus: 'mit allem vleiß verbehalten all handlungen, im zustellig, mitsampt seiner person'.

1. Nach dem Hochzeitsbuch (Warnecke S. 39) war die Hochzeit des Hans Philipp Schad von Mittel-Biberach mit Ursula Thurzo am 25. Februar 1535.

2. Die Hochzeit des Sebald Geuber (aus der Nürnberger Patrizierfamilie der Geuber von Herolsberg) mit Afra Welser fand nach dem Hochzeitsbuch (Warnecke S. 38) nicht am Montag nach Galli, sondern am Montag nach Esto mihi (16. Februar) 1534 statt. Ihre Mutter Felicitas war eine geborene Grander. — Bartholomäus Welser war ursprünglich der Reformation nicht abgeneigt, scheint sich aber von ihr abgewendet zu haben seit dem Reichstag zu Speier und seit das Augsburger Kirchenwesen in den Händen zwinglisch gesinnter Prädikanten lag (1531). Übrigens stand er auch noch später mit lutherischen Prädikanten, wie mit Caspar Huberinus, in freundschaftlichen Beziehungen. S. Roth, A. R.-G., I S. 107 Nr. 4.

3. Diese Notiz gehört, wie aus den Urgichten und dem Strafbuch zu ersehen ist, in das Jahr 1533. Der Kartenmacher war Hans Lechbeck, die 'Schusterin' Magdalena, 'Hansen Baumanns eewirtin',

die Magd Elisabeth Schwärtzin (aus Ingolstadt), der Wirt Leonhard Höchenberger. Bezüglich des Kartenmachers heißt es in dem Strafbuch (1533) Bl. 8ᵃ: 'Uff 20. tag augusti anno 33 ist Hans Lechbeck, kartenmacher, vor rat erschinen und zu bem, das ime vor (b. h. bei der Entlassung aus den 'Eisen') in der urpheb auferlegt noch ferrer als merers auferlegt worden, daß er ausserhalb seines haus und anwesens, so lang das ainem erbern rath gefallen wirbet, kain wein trincken und sich sonst seiner verschreibung und urpheb gemes und unverweißlich halten und one meiner herren burgermeister wissen und willen außer der stat auch auf reichsstraß bei nechtlicher weil nit komen soll' 2c. Bezüglich der Schwärtzin: 'Uff 26. tag augusti anno etc. 33 ist Elisabet Schwärzin von Ingolstadt, noch lebigs stands, ursach halben, daß sie mit Hansen Lechbeden, kartenmacher, eeman, unkeusche werd gepflegen und daran ergriffen, in eisen gelegen und zu gnediger straff aus der stat gefuert und ir die verpoten worden.' Das Urteil für Höchenberger und seine Frau s. ebenda Bl. 7ᵇ.

4. Der Sturz des ebenso mächtigen

genommen allen gewalt. er hat gehabt vil tausent fl, das korn- und schmaltz-, holtz- und inschlit gelt, 13 jar, und kein rechnung thon.

Item abj. 15. april ist verschiden die erber frau Fuggerin, Jorgen Turzo verlaßne wittfrau, und Cristof Echem hausfrau, ain Rechlingerin, am 13 tag, und Leonhart Sulzers tochter am 14. tag, ain ledige, auf ain nacht[1]. got geb inen ain frölige urstendt!

wie unbeliebten Mannes erfolgte wegen Unregelmäßigkeiten in der Verwaltung städtischer Gelder, doch wirkte dabei auch der Unwille über die Parteistellung mit, die er in letzter Zeit der früher von ihm begünstigten Reformation gegenüber eingenommen hatte. S. hiezu v. S. 60 u. Roth, A. R.-G., II S. 198 ff. — Die Verhandlungen, die mit der Entlassung aus seinen Ämtern und aus dem Rate enbeten, s. ebenda, I S. 111 ff. Sie begannen schon am 19. Sept. 1534; am 1. Oktober des Jahres erfolgte das Urteil, das aber erst am 2. Januar 1535 'eröffnet' wurde. — Wie rücksichtsvoll man auch den Gestürzten vor der Öffentlichkeit noch behandelte, zeigt die Fortsetzung der Remschen Chron. (Cod. germ. 5052) S. 356: 'Als man in der kaufleit zunft zunftmeister welet, ward gemeiner zunft durch [ain] ratsbotschaft anzaigt, daß sie den burgermeister Imhof, so vormals hie fast allen gewalt gehabt und schier die gantz stat regiert, nit mer weder [als] zunftmaister noch zwelfer wesen sollten, dann ain rat hett in aller sachen erlassen seins alters halb. es was im also ain buetsen aufgesetzt, daß man [in] nit offenlich zůschanden machet, denn er was noch in güttem vermugen, hett aber wol gehandelt, daß er absetzens wert war oder lecht anders. aber zů biser zeit was man lind in der straff. und wiewol die andern regenten dem Imhoff übels nachredeten und hoch antasteten, noch dann ward gemelter Imhoff dasselb und die nachgeende jar 3 oder 4 mal in der burgermaister wal auf der herrn stuben geladen und an der burgermaister tisch gesetzt; dabei abzunemen ist, wie alle sach stund. dozůmal was der Wolf Rechlinger und Mang Seitz, burgermeister, fast die gewaltigsten.' — Ganz anders als die eben angeführte Chronik äußert sich über die Persönlichkeit und die Motive zur Absetzung Imhofs die Chronik des Matthäus Manlich, der allerdings auch Großkaufmann war. Sie spricht von ihm (S. 319) als einem 'erbern, thuirenkrummen mann', dessen Regierung der Stadt zu großem Vorteil gereicht und den Erfolg gehabt habe, daß ihr Vermögen 'umb vil hundertmall tausend fl' innerhalb der letzten zwanzig Jahre zugenommen habe. Auch wird darauf hingewiesen, daß er es gewesen, der alle 'virsechungen an korn, schmaltz und jeglicher hilf', die der Rat den Armen und gemeinen Manu zu gutem anordnete, angeregt und 'angefangen' habe. 'Und aber barumb, [daß] er wider die predicanten war, barumb baß sie das ewangelio anderst than zů fribt und wider [die] oberkait predigten, das er than ubel zufriben war — da was alles das, so er rattet und redet den andern newen burgermaistern nit angenem, und waren im feindt. da er solches mercket als ain hochvernunftiger man, daß er nix mer [gelt], noch gunst und güten willen hett, da nam er urlaub und bat ain ersamen rat, daß er in alle laste entlies. das wart im zůgeben. also warbt er aller ämpter und lasten entlediget, beß er gott im himmel bancksaget.'

1. Anna Fugger, eine Tochter des Ulrich Fugger und der Veronika Lauginger, geb. am 29. Nov. 1481, vermählt im Jahre 1497 mit dem Kammergrafen Jörg Thurzo, der 1521 starb; Anna Rehlinger, die Tochter des Bürgermeisters Ulrich Rehlinger und der Ursula Gossenbrot, seit dem 14. Mai 1521 die Gemahlin des Christoph Ehem, der bereits oben (S. 23) einmal genannt ist; Katharina Sulzer (nach den Seiferschen Tafeln des Sulzerschen Geschlechtes geboren am 7. Aug. 1516), eine Tochter des im Jahre 1533 verstorbenen Leonhard Sulzer und seiner Gemahlin Ursula Meuting. — Von den Genannten bietet Interesse Anna Ehem als die Stammutter eines hochangesehenen, sich weitverbreitenden Geschlechtes. Hieronymus Fröschel, Syndicus in Augsburg 2c. führt in seiner im

Item abj. 18. april hat sich begeben, daß ungeverlich zwen tag davor seien von Geckingen geritten des rent[24b]meisters sun und der vogt von Kreyb, auch der pfleger von Bobingen und des vogts knecht. da ist ain armer man gewesen und sie gebeten umb ain allmosen. da haben sie im böse wort und schleg geben wollen. sindt die tagwercker aus- und eingangen und darein geredt mit gueten worten. da haben sie von dem armen gelassen und inen zugeeilt und [sie] schlagen wollen. in dem ist ains burgers, mit namen des Rechlingers, diener, ain alts knechtlen, komen, haben sie in geschlagen und gestochen und uber dasselbig ine genotigt, von disem handl nichts zu sagen, zu gedencken, weder [zu] efern noch [zu] klagen. und wie er solchs angelobt, darnach haben sie in also wundt gen Geckingen gefuert und haben in in den stock oder ketten gelegt. nach solchem hat ein erber rath sie holen lassen in des bischofs gebiet und alhie in die eisen legen lassen, wann des rentmaisters sun hat vorhin gesagt, er hab nichts mit dem burgermeister zu thuen; er schieß wol in den burgermeister, er gehe sie nichts an. man hat sie ausgelassen und im seckl gestrafft[1].

1. bayer. Reichsarchiv aufbewahrten Familienchronik ihre Kinder auf: 1. Eine Tochter Anna Maria, so die erst einen Tucher von Nürnberg gehabt, mit dem sie zu Antorf gehaust, darnach herrn boctor Achillem Pirminium Gasser, Lindensem, statmedicum alhie zu Augspurg. 2. Sibylla, so meinen Bruder Steffan Fröschel gehabt. 3. Regina, Endrisen Remens eewirtin; darnach hauptman Christoffen Pfister alhie; letzlich Melchior Lombardo in Maylanb, und bei allen dreien Kinder gehabt. aus der mitlern ehe ist mein lestere liebe hausfrau Regina Pfisterin. 4. Christoph Ehem, der rechten doctor, churf. pfalzgravischen rhat, hernach Johan Casimiri, pfalzgravens cantzler. der hat erstlich ein Wirsungin, Christoph Wirsungs, Augustani, tochter, hernach Susannam, Georgen Ketzers tochter, zum weib gehabt, bei beiden vil kinder. 5. Veronica, herrn doctor Schobers ehewürtin, kais. mt. Ferdinandi und Maximiliani gehelmen rhat. 6. Thomas Ehem, maritum Katharinae Tischingerln; kaine kinder. 7. Ursula, mein herzliebe hausfrau, die mir sechs kinder im leben hinderlassen. 8. Sigmund Ehem, anfengtlich churf. pfalzischer stallmaister, hernach ambtman zu Beggelhaim; der hat erstlich Maria, Hausen Zangmeisters, hernach ... (Der Text bricht hier ab.) — Ihr Gemahl Christoph Ehem, der auch in der Augs-burger Reformationsgeschichte vorübergehend eine Rolle spielte (s. Roth, A. R.-G., II S. 154), war der Sohn des Thomas Ehem und der Scholastica Köntzelmann. Er war 'ein güter musicus' und zeichnete sich in seiner Jugend als 'tapferer' Tournierer aus, der seine verschiebenen 'Rennen' und 'Stechen' wie einst der bekannte Marx Walther in einem Tournierbuch beschrieb und bildlich darstellen ließ. Im Jahre 1536 begab er sich, da er sich unwohl fühlte, in das Bad Überlingen, wo er am 26. Oktober starb. Begraben wurde er zu Geißlingen 'in einer Kirchen vor dem Thor'.—Auf Anna Ehem dichtete Johann Kohler, Augustanus (wohl der Prepst und Chorherr Dr. Joh. Kohler) ein von Ludwig Senfl komponiertes Epicedion, auf ihren Gemahl Johann Pinicianus, beide Gebichte bei Fröschel aufgezeichnet.

1. In dem Cod. germ. 5052 S. 357 heißt es: 'Umb sand Jörgen tag ritten des bischofs knecht und sögt, 5, von hinnen die straß hinauf, mit wein wol belaben. und als sie bei s. Lienhart ain paurn übel geschlagen und Bernhart Rechlingers des alten knecht ongefar furgefarn, bise, so den paurn also geschlagen, güttlich angesprochen, daß sie den armen man bei recht wolten bleiben lassen, da satzten bise vom baurn und schlügen den knecht bis auf den tob und wollten in nötten, solichs

Abſ. 1535, 5. mai, ſchidt man die ſtatkneht zů den werdleuten der ſtat, daß ſie ſolten am auffertag nit arbaiten, daß wir uns nit verſunbigten am götzn, wann es was des keiſers ſtathalter hie auf, der die pfaffen aufhelt[1]. 6. Mai

5 It. abſ. 1. mai hat man aufm juben kirchoff dem burgermeiſter Wolf Rechlinger ain garten anfangen zů pauen zů der wehr und zů luſt, auch zum ausſehen[2]. haben vil zunftmeiſter darumb [25ᵃ] geworben, aber ſie ſindts zů ſpat innen worden. hat jedermann wol gefallen on ainem nit, dem hat man den nit wellen leichen. er iſt auch ſo ſchnell aufpauet worden,
10 ſtublen, kuchen und camern; was dann an der maur ſtat, iſt alles mitſambt dem ſummerhaus in 14 tagen gemacht worden. ich will glauben, den ſtatwerdleuten ſei ain guet trindgelt geben, iſt ab dem rathaus zalt worden. item auf dem ſummerhaus hat man im gemacht ſein wapen und daſſelb hinaufgeſetzt an die fannen.
15 Item abſ. 18. mai 1535 iſt der ſtatſchmidt mit todt abgangen, und iſt im ampt geweſen 54 jar[3], auch ſün und töchter gelaſſen; und der ſtat

---

3. 'daß wir uns nicht verſundigten am götzn' in der Handſchr. verſehentlich nach 'des keiſers ſtathalter hie auf'.

---

weiter nit zů clagen. darauf die von Augſpurg ir ſölbner hinaus ſchidten, ließen 3 von obgemelten fünfen, ſo die ſchuldgiſten waren, fahen und einlegen. und uber 3 tag ließ mans wider aus, über das ſie mit worten ain rat hie übel geſchmecht hetten. aber es was dazumal ain lau regiment, das kain juſticia tett, begerten auch ſonderlich den pfaffen zů hofiren.' Vgl. die aus dieſer Quelle geſchöpfte Notiz bei Gaſſer-Werlich, III S. 28. Die Urgichten der Täter finden ſich in der Urgichtenſammlung; es waren dies: der Sohn des Rentmeiſters, Georg Schied; Leonhard Biſſinger, Vogt zu Bobingen, Wendel Lehemann, Vogt zu Kreuth, dann ein Weigelin zu Pferſee und ein Propſt zu Großaitingen.

1. Die als Statthalter des Kaiſers bezeichnete Perſönlichkeit iſt Jakob von Lanbau, der im Auftrage des Kaiſers und des Königs wiederholt mit den Augſburgern teils ſchriftlich, teils mündlich zu verhandeln hatte, um ſie zur Einſtellung bezw. zur Zurücknahme ihrer kirchlichen 'Veränderungen' zu veranlaſſen. Ein neuerlicher darauf abzielender Befehl war ihm, wie die Augſburger wußten, am 15. April 1535 erteilt worden; ſeine Ankunft in Augſburg, die jeden Tag zu erwarten

war, verzog ſich aber bis zum 7. Juni des Jahres. S. hiezu Roth, A. R. G., II S. 228 mit der bazugehörenden Anmerkung und Sender S. 394.

2. Der Judenkirchhof, an der Nordſeite der Stadt liegend, wurde (nach Gaſſer-Werlich, II S. 190) im Jahre 1455 'geſäubert' und in die Stadt einbezogen. 1526 wurde dort außerhalb der bisherigen Stadtmauer noch eine zweite aufgeführt und 1533 die in dem Kirchhof errichtete Baſtei noch weiter befeſtigt. Sender S. 181 und S. 353. An letzterer Stelle wird auch der Bau des Rehlingerſchen Luſthauſes erwähnt.

3. Der alte Stadtſchmied hieß Peter Aigner. Er wurde als ſolcher für alle der Stadt gelieferten Arbeiten bezahlt und erhielt außerdem ein 'Rockgeld' von vier Gulden. Privatarbeiten durfte er ohne Genehmigung des Rates, die nur ſelten und ungern erteilt wurde, nicht übernehmen. In ſeinem letzten Lebensjahre, 1534, entrichtete er eine Steuer von 30 dn 1 ſ 6 dn; im Juli 1535 iſt bereits von ſeinen Erben die Rede. Zum Nachfolger hatte er den im Texte genannten Michel Neuſch, der in den Baurechnungen als 'Bilchſenmeiſter' aufgeführt iſt. — Die Werkſtätte und Wohnung des

mit keinem haller nie aufgeschlagen, sonderlich bei der grossen teurn zeit
vil jar, da man ain zuber koln umb 20, 21 und 22 kr hat kauft. und
solchs alles auf sein aigne costung hat miessen darlegen, auch dabei nit
sovil uberkomen mögen, daß er hundert gulden hette verlassen. und hat
sovil bei den herren der stat verdient, daß man wol vier jar das ampt [5]
ainem andern verlihen[1], und sindt seine kinder dessen beraubt worden. das
ist der welt dank.

Also ist dem Michl Neusch der thurn, darin der statschmidt 54 jar
gewest und den ingehabt, aller von neuem gebaut und erweitert in die
höch; stüben, camern, wie vor augen ist, paut worden, doch nit on schaden [10]
[der stat. und er hat] ain grossen brauch und [25ᵇ] ain groß ansehen vor
der welt. da war er der best; er kunth wol schencken den herren mit irem guet

20. Juni   Item abj. 20. brachmonat hat man zu Fritberg im seld den Salamanca, genant G. von Ortenburg, gefangen mit 16 pferden; hat miessen
angeloben bis zu austrag seiner sachen. ist gen Gemel, wirt alba, gefuert [15]
worden, und ist durch hertzog Wilhalmen von Bayrn gefangen. er war
sein schwager, er hett auch aine von Baden. darnach ist er widerumb on
alle ursachen ledig gezelt worden. also rit er zum abent am 22. tag herein
zum Behem an die herberg[2].

10. Juli   Item abj. 10. heumonat da hat ain rath die pecken all vordern lassen [20]
und mit inen gehandlt von wegen irs pachens. da ist ir zunftmeister auf-
gestanden und hat gesagt: wann ein rath nit anders wöll zur sachen greifen,
so wölle er seinen zunftigen nit raten zu pachen und wölle auch selber das
tagwerck treiben, so hab ainer sein taglohn; aber sie sollen zu iren pfeffer-
secken auch sehen und zu andern sachen. also hat man in lassen außtretten [25]
und ine auf ain thuren geschafft und darnach ain straff. er hat zu vil geredt[3].

2. Handschr. 'das' statt 'da'.   7. Handschr. 'dierst' statt 'danck'.   10. Nach 'doch' in der
Handschr. ein sinnloses 'im'.

Stadtschmiedes befand sich in dem Bezirk,
der in den Steuerbüchern unter der Be-
zeichnung 'Sträfingerthor intra' vorkommt; in welchem Turm sie war, ist
nicht ersichtlich.

1. Soll wohl heißen: Auf die Zeit-
dauer von vier Jahren.

2. Salamanca war am 10. März 1524
zum Grafen von Ortenburg erhoben
worden. — Er war vermählt mit Elisabeth, einer Tochter des Markgrafen Ernst
von Baden-Durlach (1527—1553), Herzog Wilhelm von Bayern mit Jakobäa
Maria, einer Tochter des Markgrafen
Philipp von Baden. Salamanca's
Heirat erregte großen Unwillen bei

den Herzogen von Bayern (Jörg, l. c.
S. 74 Anm. 1), die ihm auch sonst feind-
selig gesinnt waren; um welchen 'Span,
es sich diesmal handelte, vermochte ich
nicht zu erheben.

3. Strafbuch 1535, Bl. 56ᵃ: 'Uff 5. tag
julii anno etc. 35 ist Hans Mairlin
('alter' Zunftmeister der 'Becken') des rats,
umb daß er, als man mit den becken ordnung und anschlags halben gehandelt, in
sitzendem rat offenlich geredt, daß die furgenomen ordnung aus grossem neid ge-
schehe, zu gnediger straff drei tag auf ain
thuren verschafft worden, und, so er herab
kompt, solch reden ainem erbern rat ab-
erpiten solle.' — Die neue Ordnung, von

Item im weinmonat 1535 ist herr Laur Lang von dem Hans Thoman Oktober von Rosenberg ausgelassen worden, und hat sein sun auf weitern beschaid behalten; ist umb zwainzigt tausent gulden geschäzt worden[1].

[26ᵃ] Item abj. im saumonat umb Martini sind die seu wolfailer 11. Nov.
5 gewesen als in 6 jarn, umb halb gelt. also fuern die metzger zue und ire anhenger und tauften die seu auf vor der stat und triben die fremdden herein zu verlaufen[2]. was galt fl 1, das gaben sie umb fl 1 tr 30 und machten großen aufschlag in die fremdden. nun forderts ain rath, aber es wurde nit gestrafft. in summa: es darf tainer den andern straffen, all rain.

10   Item es waren auch etlich begriffen im auflaufen in der schrandt, das tam von Got. das torn galt 8 ß. da tamen derselbigen biener und

---

4. Handschr. 'wolfall'.

der hier die Rede ist, wurde offenbar von dem um diese Zeit erfolgten plötzlichen Sinten des Getreidepreises veranlaßt. Sie wurde unter dem Datum des 14. August 1535 gedruckt als 'ains Erbarn Rats der Stadt Augspurg Ordnung, deß Getraidlauffs halben furgenomen und offenlich angeschlagen.' ('Verrufe' im A. St. A.)

1. Diese Gewalttat hängt wie die durch Hans Thomas von Rosenberg vorgenommene Gefangennahme anderer Bürger aus schwäbischen und fränkischen Reichsstädten mit dem im Jahre 1523 von dem schwäbischen Bunde gegen die fräntischen Reichsritter durchgeführten Feldzuge zusammen, wobei auch die den Rosenbergen gehörende Burg Vorberg zerstört worden war. Da Hans Thomas die von ihm deshalb mit den Bundesständen zugemutete Entschädigung nicht erhalten konnte, suchte er sich durch die 'Schatzung' der von ihm Gefangenen schadlos zu halten. Die Chronit des Matthäus Manlich (Augsburger Stadtbibliothet, Aug. 71) berichtet (Bl. 319ᵇ): 'Abj. 9. mai 1535 jar ward der her Laur Lang gefangen samt seinem sun von 6 jar; wie er aus dem Zellerbabt mit weib gefarn ist, hat in der Hans Thoma von Rossenberg gefangen und weg gefürt, und bei 18 wochen gefangen gelegen. zulest ist der vater ausgelassen worden, und, wie er gen Augspurg ist tumen, ist er gleich gestorben. der sun aber ist gefangen bliben, haben in die fraindschaft nit lessen wellen. erst ein 3 jarn ist er umb 6000 fl geleft worden.' — Die Langenmantelsche Chronit

enthält (unter 1534) zwei auf diese Sache sich beziehende Notizen (Bl. 579ᵇ): 'Im selben jar am 13. tag heumonats hat Hans Thomas von Rosenberg ein von Nürnberg gefangen und zum Laur Lang, ritter, des bischofs und cardinals von Salzburg brueder, gefürt und [zu] seinem sun, die er vor gefangen helt.' — (Bl. 579ᵇ): 'In disem jar, im weinmonat, ist herr Laur Lang aus der gefencknuß gelassen worden umb 20 000 fl, und hat sein son behalten auf weitern bescheib.' Bgl. Gasser-Werlich (unter 1535) III, S. 29.

2. Das ungewöhnlich starke Angebot von Schweinen hängt mit einem unter diesen ausgebrochenen 'Sterben' zusammen. Der Rat ordnete im Hinblick darauf an, 1. 'Daß alle die, so schwein alher zu feilem marckt treiben und verlauffen, glaubwürdige urtunth pringen sollen, daß sie die schwein nit von den enden und orten, alba der sterben under den schweinen ist, alher getriben haben.' 2. 'Soll niemantz die schwein, so uber Lech gegen der stat wärtz getriben, tauffen noch vertauffen, bis die alher uff den nachbestimbten sammarckt getriben worden.' 3. 'Soll der sammarckt allhie an tainem andern ort bann vor Jatoberthor gehalten werden.' 4. 'Soll [diser] zu tainer andern zeit bann allain am freitag, in der stund die glock neune schlegt', gehalten werden. (4. Nov. 1535). Erhalten in einer von dem Stadtschreiber Hans Hagl begonnenen Sammlung von Ratserlassen, 'Schäze' des Augsb. St..A. nr. 16 S. 16.

kauften alle marcktag 15 schaf korn und 15 schaf habern und hetten drei
kesten, da sie es aufschüteten.   und brachtens von aim marcktag bis zum
andern auf 12 ß; wo man inens pot umb 10 ß, will ich 11 ß b darumb
geben, bis daß mans innen wurde. da merckt auf unsere burger mit namen
Leo Rafenspurger, ain ratsherr, Marx Pfister, Gabriel Settelh, Jorg ₅
Stebenhaber und Sebastian Neithart¹. die waren in ainer gesellschaft
und schweger miteinander. der armüt ists verpoten².

November   Item abj. wintermonat hat mein tochtermann den herren vom rath
die letzelten bachen, seien vor von dem Imhoff, burgermeister, all von
Nürnberg bracht worden; es hats sunst niemant kunt als er. und hat ₁₀
ainem rath ain uberantwurt umb kr 50. er hat ain gehab⸱ umb 45 kr bis
gen Augspurg, damit daß im nichts am zoll abgee³.

1. Dez.   Item abj. 1. cristmonat hat mein Steckleri⁴ mit irer tochter und dem
mangmaister im schuechgeßlein hochzeit [26ᵇ] gehalten; sind am morgen

---

1. Leo Ravenspurger, aus einem patrizischen Geschlechte, Mitglied des kleinen
Rates, nach dem Sturze des Zunftregi-
ments im Jahre 1548 mit Marx Ulstat
als Stadtpfleger eingesetzt; Marx Pfister,
der später im Zunft- und neuen Regiment zu hohen Ehren kam, war damals
Zwölfer der Kaufleute, ebenso Sebastian Netthart; Jörg Stebenhaber
wurde dies im Jahre 1539. Der 'Setelly'
ist Raphael (nicht Gabriel) Sättelin.
Ravenspurger war vermählt mit Felicitas Herwart (1521), Pfister mit Magba-
lena Funk (1520), Netthart mit Helena
Herwart (1513), Stebenhaber mit Magba-
lena Herwart (1526), Sättelin mit Elisabeth Herwart (1523). Besonders genau
sind wir unterrichtet über Marx Pfister
und seine Handelstätigkeit durch die von
ihm angelegte: Genealogia Pistoriana
per quondam dom. Marcum Pfister,
consulem Augustanum et patricium,
ab anno 1285 usque ad annum 1555
consignata et propria manu con-
scripta, nunc autem per Jeremiam
Pistorium dictum Pfister à Burgdorf
continuata (Augsburger Stadt-Archiv.
'Schätze' Nr. 14). Einen Auszug daraus
gibt Strieder, l. c. S. 108 ff. Wir
sehen daraus, daß die wichtigste der 'Ge-
sellschaften', denen Pfister angehörte, die
des Christof Herwart war; an ihr hatten
wohl auch die übrigen der Genannten teil.
2. Tatsächlich stoßen wir auf mehrere
damals erfolgte Bestrafungen geringerer
Leute, die durch ihr Geschäftsgebaren zur

Verteuerung von Lebensmitteln beitru-
gen. So wurden die Salzfertiger Leonhard Lindenmair, Thomas Probst und
Hans Sintzburger der jung in die 'Elsen'
gelegt, weil sie zu einer Zeit, in der Salz-
mangel war, wider des Rats 'Satzung
und Ordnung' Salz aus der Stadt aus-
geführt hatten. Sie mußten, nachdem
sie auf Fürbitten ihrer Verwandten in
Freiheit gesetzt worden waren, am 7. Nov.
1536 Urfehde schwören. (Pergamenturk.
in der Sammlung von Urfehden.)
3. Beim Jahreswechsel gab der Rat
ein Festmahl, 'die Letz zu Neujahr', wobei
süßer Wein, Konfekt, Lebzelten usw. gereicht wurden. Die Baurechnung des
Jahres 1535 weist Bl. 130ᵃ außer anderem aus: 171 gulbin. 2 ß 1 bn umb
220 lebzelten zu N. (Nürnberg), je 1 per
45 cr erkauft, fuerlon und allen uncosten;
die Baurechnung von 1536, Bl. 130ᵃ:
183 gulbin, 1 lib 3 ß 1 b umb 250 lebzelten vom Tiroll erkauft. (S. post Sebastian, 21. Jan. 1536.) — Jt. 165 gulbin dem Thirol umb 220 lebzelten zu
45 cr bezalt. — Jt. 166 gulbin 1 lib
15 ß umb 222 lebzelten zu 45 cr dem
Thirol auf das künftig jar. S. nach
Othmari (18. Nov. 1536).
4. Ich fand keinen Fingerzeig, wer
damit gemeint sein könnte; wohl eine
nahe Verwandte Preu's. Es kommen um
diese Zeit in den Steuerbüchern ein paar
Frauenspersonen mit Namen Stöcklin
vor.

frue zů kirchen gangen. man hats kein freundt noch geschwisterget kindt
weder sehen noch wissen lassen, sunder der prediger zun bruedern, Bonifacius[1], und ir brueder Morih ist mit dem preutigam gangen, vater und
můter und ire weiber, auch ein frembde frau, kain prautfůrerer, kain kranh.
5 in summa: alle freud ausgeschlagen, damit sie iren bracht allain konten
haben. doch sie haben das haupt bei inen gehabt, er hat inen den rechten
weg zaigt. doch nichts unvergessen zů der zeit, wann es sich erfordert.

Item abj. 3. cristmonat ist herr Rahmundus Fugger zwuschen siben   3. Dez.
und acht uhrn zů Mickhausen mit tobt abgangen[2], ungsengnet und
10 [getroffen von] des herren gwalt, aus diser welt. er ist gewesen ain mechtiger, milter mann, sonderlich den armen zů geben, niemant von im leer
geen lassen. ain tugenthaftiger herr, hat seinen handtwerckdsleuten essen
und trincken geben und an seinen tisch gelaben. ist zů inen in ir heuser
gangen, niemant veracht, alle krancken menschen, so schadhaft und für in
15 komen sindt, selbs gehört, inen freuntlich zůgesprochen und gůten beschaidt
geben. damit hat er ain groß lob und lieb von allermenigclich erlangt. hat
arm leut und jederman reblich bezalt, niemant nichts abprochen. Got, der
allmechtig, wolle im gnebig und barmhertzig sein und uns allen! anno 1535.

Item ain ersamer rath hat den Fuggern zůgelassen, ine in ir aller
20 begrebnus zů schaffen[3], welchs dann [27*] billich und on verzug beschehen.
es hat sich auch herr Anthoni Fugger dermassen gehalten, damit sich kain
widerwill oder unainigkait zůgetragen, dweil es von einem rath verpoten
gewest, niemant in der stat zů begraben. und hat ine durch den garten
an der maur hinden hinein tragen lassen on preng und liecht, freundtlich[4].
25 Item abj. 15. cristmonat ist herr Lauh Lang mit tobt abgangen, als   15. Dez.
er aus der gefengknus gelassen ist worden[5]; hat kain gesundte stundt nit
gehabt. ist auch komen und gelegt worden in die capell auf dem fronhoff

---

17. Nach 'bezalt' in der Handschr. finnlos 'doch sie all'.   19. Handschr.: 'Jugger'.   20. Handschr.
'kumen' statt 'schaffen'.

1. Bonifacius Wolfart, erst Prediger
bei St. Anna (den Frauenbrüdern, in
deren Kloster er wohnte), dann bei St.
Morih, † 1543.
2. Vgl. Senber S. 398; die Weissen-
horner Historie, l. c S. 207.
3. In ihre Grabkapelle bei St. Anna.
4. Im Jahre 1533 war ein den Nonnen von St. Katharina gehörendes Grund-
stück vor dem Roten Tor erworben worden, in welchem alle Toten, für die nicht
eine eigene Begräbnisstätte in den Kirchen bestimmt war, bestattet werden sollten
(Senber S. 359). Während des großen

Sterbens im Jahre 1535 wurde diese Be-
stimmung erneuert und verschärft, indem
man am 4. August 'erkannte': 'Daß zů disen
schweren leuffen alle die, so absterben (also
auch die mit Erbbegräbnissen) in den
obern oder unbern gotzacker begraben und
gelegt und also den tobtengräbeln bevolhen werden solle.' (Dreizehnerprot.)
In den 'obern' Gottesacker (vor dem
Roten Tor) die von St. Ulrich und St.
Morih, in den 'andern' (bei St. Stephan)
die aus den andern Pfarreien und aus
den Vorstädten. (Vgl. Senber S. 397.)
5. S. oben S. 67, 1.

uber das verpot meiner herren[1]. ist auch ain edelmann gewesen von Wellenburg; sindt all Langen edel worden von hertzog Jorgen von Bayren [wegen] mit irer schwester Apolonia[2].

1536.

Item 1536 ist ein lederer aus dem rath gesetzt worden, und ist darumb geschehen: er hat vil aus dem rath geschwätzt und hat auch etwan miessen entgelten [die warhait].

Item meine herren haben vor verkauft der von Argew haus, nachmals das alt vindelhaus bei sandt Ursula zu ainem verbhaus. da hat der gemain nutz ain grossen anstoß gehabt im reichen und im armen[3]. o we, we, nu hindurch mit haut und har. da hat [27ᵇ] niemant kain gwissen seinem brueder zum gueten zu helfen, nur zu verhindern, und waren sie mechtig guet euangelisch.

Item auf den 12. mai ist ausgefuert worden N., baumeister vom kreitz, und ains spenglers weib, sind fur den vogelmarckt gestellt worden. und man hat ausgerueft, wie sie miteinander die ehe gebrochen. also hat man sie irer eern entsetzt und die stat verpoten[4].

7. Nach 'entgelten' fährt die Handschr. fort: 'die warhait mag nit leiden; wann man ain wurst mit aim bain, so schreit er nit, seit er aber fein, so schreit er und pielt, bis man in anschreit'. Wenn diese Sätze auf die Absetzung des Lederers bezug haben, so enthalten sie eine Anspielung, die wir nicht zu erklären vermögen.

1. S. die vorhergehende Anmerkung.
2. Anspielung auf das 'Buhlschafts'-Verhältnis, das zwischen dem Herzog Georg von Bayern-Landshut und Apollonia, der Schwester des später zum Erzbischof von Salzburg und Cardinal erhobenen Matthäus Lang bestanden haben soll. Man scheint allgemein des Glaubens gewesen zu sein, daß er und seine Brüder ihr Emporkommen zum guten Teil der Gunst dieses Herzogs zu danken gehabt. Vgl. die Senderische Chron. S. 66, 74, 79 und die Zimmernsche Chron., II S. 419. — Apollonia vermählte sich im Jahre 1498 mit dem Grafen Julius zu Lobron.
3. Im Jahre 1532 starb Georg von Egen oder Argon, der letzte männliche Sprosse seines Geschlechtes. Seine Verlassenschaft fiel — außer einem Teil seiner fahrenden Habe — an die Stadt und in die Pflege des Rates (Sender S. 338, Manlichs Chron., Bl. 306ᵇ). — Die Findlinge wurden seit 1471 in einem Haus, nahe der Herberge 'zum Schiff', in dem jetzigen Findelgäßchen untergebracht bis zum Jahre 1536, zu welcher Zeit die Anstalt in das seit 1533 leer stehende Beginenklösterlein 'zur Horbruck' verlegt wurde (Werner, die öffentlichen Stiftungen ꝛc. in der Stadt Augsburg, Augsb. 1899, S. 5, 22). — Inwiefern durch den Verkauf der beiden im Texte genannten Häuser 'der gemeine Nutz' so sehr geschädigt worden sein soll, ist aus nichts zu ersehen.
4. Urteil: 'Georg Neithart, baumaister, und Barbara Spilmännin, baide von Augspurg, die hie unden furgestellt, haben, uber das sie hievor gewarnet worden, mitainander und auch merern personen, als eeleuten, den eebruch zum oftermaln begangen. darumb ain erber rath aus gnaden und barmhertzigkait angesehen und erkennt hat, das sie baide hie mit disem furstellen ihrer verhandlung halben irer eeren entsetzt und beraubt sein sollen ꝛc. Actum 12. tag mai anno etc. 1537'. (Urgichtensammlung).

Item weiter auf den tag, darnach wie das geschach, stellet man auf
Steffan Hegelein, ain weber, hett ab den barchanttuechen, so man
schwarz ferbt und vorm thor an die maurn und schrancken henckt, 3 oder
4 eln ungeverlich darab geschniten und dieselben verkauft, auch seine zaichen
5 ausgewaschen und andere zaichen darauf gemacht. also strich man ine mit
rutten aus. ich sach ine aber kain zaichen oder straich nie geben, und gieng
auch nur aus mit weinen [1].

Item abj. 28. mai hat Bartlme Welser mit ainer tochter [nit] wollen zů
kirchen geen zů Unser Frauen [2], hat vormals zwo töchter im haus einsegnen
10 lassen; darauf ain rath zů im geschickt, daß er gen kirchen gehe wie ander
erber leut [3], wo er zů kirchen gehe, daß er auch den tanz da hab und nit
auf dem tanzhaus [4]. das ist geschehen. also hat ers im haus eingesegnet,
ist nichts aus dem tanz worden. hat in ubel bemiet. ist nachmals Laux
Schellenbergs tochter am 30. tag zů kirchen gangen an die lutterischen,
15 ist [28*] auch ain halsstarriger wider die prediger gewesen [5].

Item abj. 23. brachmonat hab ich herrn Anthoni Fuggers hinder-
haus ausgemalt und hab daran 4 summer und ein halben winter gemalt.
solche grosse, unnutze bauung und abprechen ist da geschehen. ist mir die

---

7. Handschr. 'nur auch'.

1. Urteil: 'Steffan Hegelin, weber von
Augspurg, so auf dem pranger stat, hat
von etlichen guet geschaweten, beßgleichen
von etlichen zerrissen tuechen etlich eln
geschniten, dieselben ellen, auch die tuech
fur ganz verkauft und verkaufen lassen, sein
zaichen von solchen tuechen abgewaschen.
darumb ain erber rath angesehen und er-
kent, daß bemelter Steffan Hegelin mit
rueten aus dieser stat geschlagen werden
und sein leben lang nit mer darein noch
in derselben etter komen solle ic. Actum
12. mai anno eto. 1537.' (Urgichtensammlung.)
2. Das war seine Pfarrkirche.
3. Gemeint ist die Hochzeit von Bartholomäus Welsers Tochter Katharina
mit Konrad Rott, die (nach Warnecke
S. 39) am 27. April 1536 stattfand. Die
zwei andern Töchter Welsers, auf die
hier hingedeutet wird, sind Afra und Felicitas; von der Hochzeit der ersteren war
oben (S. 62, 4) die Rede, die andere hatte
sich am 9. Juli 1535 mit Hieronymus
Sailer verheiratet.—Bezüglich der Einsegnung von Hochzeitsleuten bestimmte die am
9. Nov. 1536 revidierte Hochzeitsordnung
(Verrufbuch in A. St.), frühere Verord-

nungen wiederholend: 'Die preutigam
und preutten, so samptlich oder sonderlich
ainem erbarn rat diser stat Augspurg
underworfen und potmessig sein, sollen
furohin sich an dem hochzeittag one son-
dere erlaubnus ains rats in heusern oder
winkeln nie einsegnen oder vermeheln
lassen, sonder zů kirchen und straßen geen
und daselbst vor der gemaind und christen-
lichen versamblung den heirat bekennen,
den eelichen stand annemen und also, wie
sich gepiert, zůsamen geben werden, bei
den hundert gulden reinisch, ainem erbarn
rat umb der ungehorsame willen unnach-
leßlich zů bezalen.' —
4. Der Sinn ist: 'wo er zů kirchen
gehe (das heißt: die Einsegnung vornehmen lasse), 'daß er auch den tanz da
hab', also zůhause, nicht auf der Herren-
stube.
5. Laux Schellenberger bereits oben
S. 61, 2 genannt. Hier sei bemerkt, daß
sein Vater Johann und er den Grund
zum Augsburger Hochzeitsbuch gelegt.
(S. die Vorrede desselben bei Warnecke
S. 7.) Das in Rede stehende Brautpaar
ist seine Tochter Apollonia und Christoph
Kreß, der Hochzeitstag der 31. Mai 1536.

---

coftung mit saumnus, verdorben zeug, aufhörung und anfang der zeit auf
ein neues nit bezalt worden, hab alle ding sten miessen lassen[1].

Item zů der zeit ist in ainem rath alhie ain solche hochbrächtigkeit gewesen, voran in den burgermeistern Wolfen Rechlinger und Mang Seitzen,
gar aufblasen und geschwollen mit macht, nichts, das nit adellich zůgieng. 5
und gab im, Seitzen, ain rath das haus ein vor heilig creutzerthor[2] und
verzinsten ims, und man hielt im ain roß und macht in so aufblasen, daß
er kaum weßt, ob er sein weder sollt ansehen oder nit[3]. die zwen kundten
die alten vertreiben. so mochtens die alten nit erleiden, und thet sich ain
jetlicher, [einer] nach dem andern, ausm rath, wann solcher grosser neid 10
war unter inen und dazwischen, daß kainer dem andern kunth entrinnen;
und ward alle sach so ausgericht und sauber ainem jetlichen sein abfertigung
nach laut seinem anhang. kunt er wol heichlen, kratzen, schmatzen, uber die
achsel rimpfen und augen wincken, der verstůndt sich auf die letzelten und
was ein verstendiger mann in ir kirsen.   15

Item adj. mai ist doctor Rechlinger die provision von aim rath ab-
kundt und aufgesagt worden, haben [28b] in nit reden noch fursprechen
wollen lassen, sonder er soll nun hinweck zůhaus geen. hat ain jar gehabt fl 400 und von Fuggern fl 200[4]. was ain hochfertiger mann und
11. Dez. starb adj. 11 cristmonat, daß [da] weder weib noch sein tochter verhanden 20
was; allain ain junger sun und ain junge tochter warn bei im dahaim.

1. Die hier erwähnten Umbauten, die
auch die Anlage einer neuen 'Schreib-
stube' umfaßten, wurden in der Zeit
vorgenommen, während der sich Anton
Fugger (wie oben S. 59, 21 erwähnt), in
Weißenhorn und Mickhausen aufhielt.
Vielleicht gibt das, was Preu von seinen
Arbeiten in diesem Hinterhaus sagt, der
Kunstgeschichte Anhaltpunkte für weitere
Schlüsse. — Über das Fuggerhaus in der
ersten Zeit seines Bestehens s. im allge-
meinen Gröschel im Repertorium für
Kunstwissenschaft, Bd. 11 (Berlin und
Stuttgart 1888) S. 240 ff.

2. Im Jahre 1535 verkaufte Seitz
sein bisher von ihm bewohntes Haus an
die Stadt, wie aus der Baurechnung
dieses Jahres Bl. 71b zu ersehen ist:
'Item 700 gulbin in gold dem herrn
burgermaister Mang Seitz umb sein
haws. mer 50 gulbin in gold der frawen
burgermaisterin zů lewtkauff.' Dieses
Haus war gelegen bei dem 'Katzenstabel';
das neue Haus wird in den Steuerbüchern aufgeführt unter 'Bl. Creutzer-

thor extra'. — Seitz war ein wohlhabender Mann, zählte aber keineswegs
unter die 'Reichen'. Seine letzte Steuer
(1543) betrug 30 dn 20 fl 2 b.

3. Vgl. oben S. 47, 18.

4. Dr. Johann Rehlinger, seit 1520
Syndikus der Stadt Augsburg, einer
der bekannteren juristischen Sachwalter
der damaligen Zeit. S. über ihn die
Daten bei Roth, A. R.-G., I S. 109
Nr. 16. — Die Fortsetzung der Remschen
Chron. (Cod. germ. 5052) S. 361 berichtet über seine Entlassung: '1536 ward
die doctor Rehlinger, so zůvor in grossem
ansehen gewest, geurlaubt, das sich menc-
lich verwundert. er hett aber untreulich
wider die statt, der biener er war, gehandelt und [ist] vil auf der pfaffen seiten gewest. doch kam er fur rat und pracht
sein sach so geziert für, daß die zunftmaister schon bewilligten, in wider anzůnemen, wa er nit bald darnach gestorben
wer.' — Die Besoldung Rehlingers von
seite des Rates betrug zületzt jährlich 320
Gulden.

und man weßt nit, wo das weib und die tochter im land was, dann die
müter und tochter waren ains; wa ſchon die tochter ain jungs warf, das
kunten ſie mit einander verpaben oder ſunſt [ſich] kranck fuern, bis zeit
was haimzuziehen. in ſumma: das hochfertigeſt volck in Augspurg war
5 erkannt als huernvolck, müter und tochter[1].

Item am 24. tag criſtmonat haben meine herren ain pot ausgerieft, 24. Dez.
daß man kain neu jar anfung, weder jung oder alt, damit daß die armuet
kain platz hab und ſie nit vor iren heuſern ſtimm hörn[2], daß mans nit
von irem ſaufen, freſſen und hurerei irr mach; da hat mans wol aus-
10 gericht. auch darbei verpoten, bei nacht weder reich oder arm uber die zeit

3. Handſchr. 'zůfuern'.   4. Handſchr.: 'das hochfertigeſt volck als in Augspurg war erkannt
huernvolck, müter u. tochter.'

1. Eingehend beſchäftigt ſich mit der
Familie Dr. Johann Rehlingers die
Zimmernſche Chronik. Es heißt dort,
Bd. II S. 423, von ihm: 'Doctor Hans
Rellinger [iſt] bei ſeinen zeiten ein fur-
nemer jureconſultus zů Augspurg, auch
ein herrliche perſon geweſen, mit ainem
großen bar, als dann die alten gewonn
geweſen.' Weiter wird dort erzählt, er
habe zwei Söhne gehabt und drei ſchöne
Töchter. Catharina, die mittlere ſei verheiratet geweſen (ſeit dem 25. März 1538)
an Wilhelm Arzt, 'den nutzen Vogel',
die jüngſte, Margareta (ſeit dem 17. Sept.
1532) an Melchior Jlſung, während die
älteſte, Anna, in Beziehungen zu Jakob
Abler und dem Grafen Chriſtoph Friedrich von Zollern (Heigerloch) getreten ſei,
die ihr beide die Ehe verſprochen hätten.
Sie ſei 'ſtolz, hochmütig und verächtlich'
geweſen, 'das ſich bei dem wol beſchaint,
daß ſie und ir muetter iren fromen vatter
und hauswurt, obgenant, in ſeinem grö-
ſten alter ganz künlich und ſchmelich gehalten haben, davon bozůmal zů Augspurg
vil geredt worden.' Über die Art, wie Anna
Rehlinger ihre ſittlichen Verſchulungen
verheimlichte, und den unſauberen Lebens-
wandel, dem ſie ſich ſpäter ergeben haben
ſoll, berichtet der Verfaſſer der Zimmern-
ſchen Chronik die abenteuerlichſten Dinge,
die durch die in unſerem Texte gemachten
Andeutungen teilweiſe Beſtätigung finden. — Die Frau Rehlingers war Anna
Peringerin (aus Regensburg), die ſich
kurz nach dem Tode ihres Mannes an
den tief in Schulden ſteckenden Hieronymus von Gumppenberg verheiratete, aber

ſchon nach wenig Monaten zu Affing ſtarb
(12. Aug. 1540). Sie hinterließ reiches
Eigengut in Augsburg und Regensburg,
das ſie größtenteils ihrem Mann ver-
machte, während ſie ihre Kinder — ſie
hatte aus erſter Ehe der elf — auf den Pflicht-
teil ſetzte (Geſchichte der Familie Gumppenberg S. 226). Es entſtanden daraus
erbitterte Streitigkeiten unter den Erben;
eine Klage der Anna Rehlinger, die ſich
unterzeichnet 'Frau Anna, greffin von
Zoller, ein geporn Rechlingerin', dat.
3. April 1542, liegt in der Literalienſammlung des Augsb. St. A., (Nachtrag
zum Jahre 1542); ebenda auch ein paar
Schriftſtücke, betreffend Maria Rehlinger,
eine Schweſter Annas, Kloſterfrau zu
Kühbach, die ſich wegen Verkürzung in
der Beerbung ihres Vaters beklagte.
(Nachtrag zum Jahre 1538.)
2. 'Ain erbarer rat biſer ſtat Augspurg
ſchafft abe und verpeut allen und jeden,
alten und jungen, manns- und frawenperſonen, das new jar an- und einſingen, ſo verſchiner jaren umb weihen-
necht mit klainer unzucht und unbe-
ſchaidenheit in geprauch geweſen iſt, alſo
daß meniglich ſich des an- und einſingens
enthalten [ſoll] bei der ſtraff des narren-
heuslins, darein alle die, ſo hier wider
an- oder einſingen, gefürt und geſtrafft
werden ſollen. darnach ſich meniglich wiß
zu richten. Actum 18. Dez. 1535.' In
Hagls Sammlung ꝛc., l. c. S. 15. —
Das erwähnte 'Narrenhäuslein' oder der
'Jorban' war ein Arreſtlokal für Nacht-
ſchwärmer, Betrunkene und Rumor-
macher; es war 1475 erbaut worden.

neun uhr nit im schliten zůfarn¹ oder sich ergreifen [zů] lassen; auch
kain trumment zů schlahen dann auf hochzeiten. [der] tantz ꝛc. wert von
aim mittentag zum andern. [sie] sindt sie die ersten, dies brechen, aber
man darfs nit reden. Got helf, uns ist ain nasen aufgesetzt.

28. Dez.   Item abj. 28. cristmonat haben die metzger ir alt mißpreuch widerumb aufgericht auf die grossen [29ᵃ] libell², darvor vom rath gemacht. es
hat inen mit gewalt wollen abgan, zůmal mit den gueten bißlen auf irem
tisch. auwee der großen nasen, damit man den armen betreugt.

1537.

Item abj. 8. jenner 1537 ist erwelt worden Hans Welser von Nürnberg von den herren zů burgermeister. got geb gnad³!

Also hat sich Ulrich Rechlinger, der alt, kranckhait halben seins leibs
herdann genumen; er ist im rath gewesen 34 jar⁴.

1. Handschr.: 'oder sich zu ergreifen lassen; doch der furnem kan sein roß nit erhalten'.

1. 'Ain ersamer rat und des heiligen
reichs vogt diser stat Augspurg schaffen
und gepieten, daß hinfüro niemant bei
nechtlicher weil über neun hor im schlitten
in der stat umbfahren soll, es sei dann
daß jemantz von ainer gastung den nech-
sten [weg] in sein haus mit ainem liecht
anhelms fare; daß auch niemantz die, so
im schlitten faren, noch ander leut mit
schneeballen oder anderm werfen; gleich
als wenig jemantz das new jar anfingen
[soll], bil minder trumen bei tag oder
nacht (anderst dann auf hochzeiten) uff der
gassen geschlagen werden soll' ꝛc. Ohne
Datum. Hagis Sammlung S. 24.
2. Das hier erwähnte 'Libell' ist die
gedruckte 'Ordnung den Metzgern in
Augspurg gesetzt, überantwurt und zů-
halten beuolhen. Diese ordnung hat ain
Erbarer Rat der statt Augspurg bedächt-
lich gesetzt, den Metzgern daselbst auf den
Dritten tag Septembris des sechsunnd-
dreyssigsten Jars durch etlich verordnet
des Rats überantwurten lassen unnd
Jnen die strack zů halten (unangesehen
irer Beschwerden dargegen furgewendt)
ernstlich beuolhen.' ('Berrufe', A. St.-A.).
Sie ist sehr umfangreich und enthält nicht
weniger als 85 Artikel. Handschriftlich
hat sie sich erhalten in den Aufzeichnungen
des Metzgers Jörg Matheis ('Schätze'
des A. St.-A., Nr. 47 S. 87). — Vgl.
Zapf, Augsburgische Bibl., II S. 937.

3. Hans Welser (von Stettberg), der
Sohn des Jakob Welser von Nürnberg,
war nach den Seifertschen Stammtafeln
des Geschlechtes am 13. Juli 1497 geboren, verheiratete sich am 7. August 1525
mit Barbara Adlerin, einer Tochter des
bekannten Finanzmannes Philipp Adler,
und starb am 18. Januar 1559. Er gehörte dem Rate seit 1536 an und wurde
sogleich Mitglied der 'Geheimen'. Wie
sehr er sich der schweren Verantwortlich-
keit, die er mit Annahme des Bürgermeisteramtes auf sich nahm, bewußt war,
zeigt die bei Roth, l. c. S. 338 Anm. 9
mitgeteilte Rede, in der er die auf ihn ge-
fallene Wahl rückgängig zu machen versuchte. Sein Amtsgenosse von den Zünften war Mang Seitz, Zunftmeister der
Weber. — Daß mit Welser ein Auswär-
tiger an die Spitze des städtischen Staatswesens kam, wurde von manchen nicht
gern gesehen, nachdem schon die Bürgermeister Imhof und Hans Hainzel (1536)
'Fremde' gewesen waren; ersterer stammte
ebenfalls aus Nürnberg, letzterer aus
Ulm. Vgl. Roth, l. c. S. 455 Anm. 3.
4. S. Roth, l. c. S. 310 und S. 338
Nr. 6. — Rehlinger blieb nach der Nie-
derlegung des Bürgermeisteramtes noch
fünf Jahre im Rate. Erst nach Ablauf des
Jahres 1541 schied er aus diesem aus,
wie ein Eintrag in den Ratsdekreten
1541, Bl. 190ᵃ zeigt: 'Uff den erst ge-

Item man hat aus den zünften haimgeschickt 4 zwelfer, mit namen:
Bastian Gintzburger — er hat ain gemainen nutz mit dem saltz triben,
darumb man [in] in die eisen gelegt hat und gestrafft — weiter die drei:
Jorg, Geir, Sahler.

5 Item adj. 13. hornung hat ain rath erwelt ratsknecht mit namen 13. gebr.
Hans Tirol und Ludwigen Spiner[1], jung leut, sindt baid nit 30 jerig.

Item adj. 16. jenner ist ain erber rath, groß und klein, gesessen[2],
abgelegt alle meß und das [bot] gemacht die gotzen hinweck zethun bis auf ain
cristlich [29ᵇ] concilium und weitern beschaidt. Got schicks zum besten!
10 also ließ ein rath die söldner hinaus auf alle straßen reiten, die leut[3]
vordern und zügeloben, von wannen ain jetlicher wer, bis auf weitern
beschaidt. also nach mittag sind von ainem rath acht ratsherren verordnet
worden mitsampt dem vogt, statknechten und gassenknechten, auch vier-
undzwainzig scharwächtern und haben die frauen zu sand Claus geholt;
15 doch sind die frauen nit willig gewest, sonder haben die thor und die thiern
aufgewinnen miessen mit ainem großen geschrai; nachmals sie genomen und
auf zwen birschwagen gesetzt. haben sie sich eins teils so jemerlich und unfletig gehalten, zuvoran ain alte, die priorin gewesen, und ain Honolbin,
die hat irn schlair, hauben und das kurtz har ausgerauft, daß der vogt mit
20 ir zu schaffen gehabt hat; eins teils haben sie wollen entlaufen. darnach
hat mans zu sanbt Katharina ins kloster gefuert bis auf weitern beschaidt.
sind die frauen gewesen ain Eckenbergerin, ain Honolbin, ain Meitingin
und ain Hörwartin[4].

6. Handschr.: '50 jerig'. 8 Handschr. 'gemacht und abgelegt alle meß und die gotzen hinweck zethun'.

halten suessen trunck nach dem newen jar
(1542) ist herr Ulrich Rechlinger der elter
auf sein höchlich anmessen, bitn und begern des rats gar erlassen worden.'
1. Ratsbekrete ad annum 1537, Bl.
119ª: 'Uff den 15. tag januarii sein die
herren breitzehen gesässen, daß zwen rats-
diener aufgenomen werden sollen, gehandelt und ausser allen den, so darumb gebeten, zwen, nemblich Ludwigen Spiner
und Tirol fürgenomen, die volgends
ainem erbern rath anzaigt mit dem anhang, daß die herrn breitzehen inen die
obenanzaigt zwen zu ratsdienern gefallen
lassen, soverr ain erber rat ime die auch
gefallen lassen; wolten sie dann darumb
wöllen, ließen inen meine herren, die 13,
solchs auch gefallen. und auf gehabte ge-
maine umbfrag hat ain erber rath ime
die zween bei den 13 fürgenomen rats-

diener gefallen lassen, mit dem fernern anhang, daß Hans Lochner nach aller not-
turft und wol versehen und unberhalten
und Hans Mair als der eltest auf das
haws genomen und im sector, sein anigl-
lin, zügeben werden solle.' — Das ab-
weichende Datum der Chronisten ist wahrscheinlich das der Bestallung Tirols.
2. Die Sitzung des kleinen und großen Rates, die hier gemeint ist, war am
17. Januar 1537. S. hiezu Roth, l. c.
II S. 312ff.
3. Die Fremden?
4. Cod. germ. 5052 S. 364: Am
17. jener wurden die klosterfrauen zu
s. Niclas mit gewalt herein gefuert zen
s. Katharina. sie wereten sich heftig. man
müst sie heraus schlaifen und auf die
wegen setzen. das machet, sie hetten ain
anschlag, sich under die fürsten von Bayren

Item atj. 18. jenner hat ain ersamer rath mitsampt ainem grossen rath herumbgeschickt zum ersten zue ainem capitl[1] ailf ratsherren mitsambt angehenckten der stat dienern, eines erbern raths ernstlicher bevelch und schaffung wer, nit vil zu beratschlachen und zu bedencken, sonder der gotslesterung abzusteen und kain meß noch ceremonia zu brauchen, weder 5 mit singen noch glocken leuten oder anderm, gar nichtzit; auch burgerliche pflicht zu halten bis auf weitern beschaid. also haben sie ain kurzen bebacht begert[2], die sach sei inen zu schwer; in acht tagen aber wollen sie antwort geben. hat aber ein rath also kurz geantwort, es sei nit wol zu thuen. sollen sie es widerumb zu aim grossen rath lassen [30ª] komen, die 10 sach wurde sich nimer also verlaufen; sie sollen in allermaß verhuet bleiben mit steurn, ungelt und wachgelt, doch sie sollen schweren zu uns, als mitburger thuen.

Auf solchs nach mittag ist der vogt mitsambt andern vom rath, auch zimerleuten, maurern, schmiden, das dann zu diser arbait notburftig gewest 15 ist, in Unser Frauen kirchen komen und die kirchthur zuthun und darnach altar, bildwerck, gemel und alles, das zu den götzen und der abgötterei dient hat, zerschlagen, zerprochen disen tag[3].

Zum abent haben sie zu sant Ulrich angefangen und im predighaus alles abthun, zerschlagen und zerrissen, desgleichen in der 20 kirchen. hat sich der abbt[4] darüber erbarmet und hat inen wein darzu heraus geschickt zu einer ergetzlichkait, auf daß er nit auch uberrumpelt werde. also hat man fur und fur den tag abprochen und zusamen geraumbt die

8. Handschr. 'geben' statt 'begert'.   11. Handschr. nach 'verlaufen' ein sinnstörendes 'sonder'.
10. Handschr. 'das' statt 'im'.

zu geben, so sie doch unter der von Augspurg pfleg waren. man prach bald darnach das kloster ab und tett die von s. Niclas gen s. Ursula; dasselb kloster war leer, dann die klosterfrauen waren auch weg zogen. sie wurden hart gehalten. man ließ niemand zu in fur und für.' Vgl. Roth, l. c. II S. 320 u. Beilage II zum 11. Kapitel daselbst S. 362. — Die Herwart gehörten zum alten Augsburger Patriciat, die Eggenberger, Honolb und Meutig wurden im nächsten Jahre (1538) unter das Patriciat aufgenommen.
1. S. hiezu Roth, A. R.-G., II S. 312 ff.
2. Ebenda S. 315 mit Anm. 20 auf S. 342. — Einen genauen Bericht über das, was mit den Domherren vom Rate seit dem 18. Januar 'gehandelt' worden,

enthält ein vom 22. Januar 1537 datiertes Schreiben des Augsburger Domherrn Eberhard von Hürnheim an den Herzog Ludwig von Bayern in einem Sammelband des k. bayr. Reichsarchivs, Hochstift Augsburg, II, 4, Nr. 53.
3. Hürnheim bemerkt in dem eben zitierten Schreiben darüber: 'Gleich am pfintztag (18. Jan.) nach essens haben sie unser kirchen gespert, die tafeln und bilder abgebrochen; .... dasselbige alles in die kruft gelegt und mit prettern verschlagen. doch daneben haben sie uns, was uns sonst zugehörig von ornaten, büchern, kelchen und anderm hinweg nemen und einschlagen lassen.' Vgl. Roth, A. R.-G., II S. 344 Anm. 33.
4. Johann Könlin, Abt von 1527 bis 1539, † 1540.

fromen gotzen, doch alle feſten, trühen mit alter zier unb bergleichen, das
ir [iſt], nit geblindert noch beriert.

Nachdem fiengen bie brieſter an ſich zů ruſten, auch einander zů
helfen unb hinweck zů ziehen, damit daß kainer verhindert würd, wann ain
5 rath inen kurtz geſagt, in acht tagen bie ſtat zů raumen ober recht zů nemen
unb [zů] geben als anber burger hie, doch ſteur, ungelt unb wachgelt frei.
alſo hielt ain rath den haubtman Schertli[1] mit vil knechten als ain ſend-
lein tag unb nacht, ob ſie ober ir anhanck etwas anheben ober [ſich] ent-
pörn wollten, baß mans bald on bie gmain ſtillen möcht unb güte ruhe
10 erhalten wurb.

Alſo dem gemainen mann, ſchneidern, ſchueſtern ꝛc., ben was etwas
daran gelegen unb umb ir narung zů thun; ſie bebachten nit bie groſſen
gotslesterung unb unfreunbtſchaft [unb bie gefar] in ber ſpaltung aufruerig
zů werben[2].

15 [30ᵇ] Item abj. 21. jenner hat ain erſamer rath mit ausgeſtecktem
paner bas [bot] von wegen ber pfaffen unb götzen [mit] ſturmen beruefen
laſſen[3].

Item abj. 22. jenner hat ber vogt mitſambt ſeinem anhang bie götzen
unb gemäl zum Creutz zerbrochen.

20 Item nachbem unb ein erber rath bie frauen von ſanbt Claus, vor-
bemelt, lies herein holen, machet man aus ben frauen lanbtsknecht in bas
cloſter[4], baſſelb zů verhueten, unb ſungen mit weinkanblen unb anbern
erberleiten.

---

1. ‘mit aller zier’ in ber Hanbſchr. nach ‘bas ir’.   3. ‘Ach’ in ber Hanbſchr. nach ‘ſingen’.
11. In ber Hanbſchr. ‘ein’ ſtatt ‘bem’.   14. In ber Hanbſchr. ſchließt ſich noch folgenber offenbar
nicht hieher gehöriger Satz an: ‘Solchen groſſen poch unb übermüt triben bie gelſtlichen mit fro-
lockung unb treung auf bie kaiſerliche maieſtat’.   22. Hanbſchr. ‘kanblen wein’.

1. Darauf beſchränkte ſich in ber Tat
bie Rolle, bie Schertlin bei ber ‘Pfaffen-
austreibung’ unb bem ‘Bilderſturm’ zu-
fiel. Da ſich aber bie zum ‘Abthun’ ber
Bilber im Dom beſtimmten Werkleute
mit ihren Werkzeugen in bem nicht weit
bavon liegenben Hauſe Schertlins ver-
ſammelten, verbreitete ſich bas Gerücht,
er habe ſich aktiv beim ‘Bilberſturm’ beteiligt. Es wurde auch bem Herzog Wilhelm von Bavern, ſeinem Lehensherrn,
zugetragen, gegen ben er ſich in einem
Schreiben vom 26. Jan. 1537 (in bem
S. 76 Anm. 2 zitierten Cobex bes Reichsarchivs) ‘entſchulbigt’ unter bem Hin-
weis, baß bas Zuſammenkommen ber
Werkleute in ſeinem Haus ohne ſein
Wiſſen erfolgt ſei.

2. Solche Klagen ber Hanbwerker
unb Anderer, bie burch ben Wegzug ber
‘Pfaffen’ materielle Einbußen erlitten,
hatte ber Rat bei ſeinen Vorberatungen
ber Reformation vorausgeſehen. S.
Roth, A. R.-G., II S. 140, Punkt
1 u. 2.

3. Der Beruf gebruckt bei Hort-
leber, Hanblungen unb Ausſchreiben ꝛc.
... von ben Urſachen bes teutſchen Krie-
ges ꝛc., Frankf. 1617 S. 1087; Original-
brucke im Augsburger Stabt-Archiv. S.
Roth, l. c. II S. 315.

4. Baurechnung 1537, Bl. 65ᵇ,
Samstag poſt letare (17. März): ‘Item
64 gulbin mintz ben 2 herren burger-
maiſter Wolfgang Rechlingers knechten,
ben 4 knechten zů ſanct Niclas, ben 5

Item abj. 21. jenner sindt die herren zů sandt Ulrich hinweck gen Witelspach in Bayrn zogen zů irem abgot hertzog Wilhalm, desgleichen die zů sandt Ursulen und die zů sandt Steffan und der gantz stift Unser Frauen, zů sandt Moritz und sandt Peter[1]; haben in acht tagen miessen weck ziehen, und ist inen hinaus poten worden.   5

Item 24. jenner hat man zů sand Moritzen die tafln und altar zerbrochen und zerhauen, dergleichen zů sand Jorgen. also beclagten sie sich groß wider die von Augspurg, man thett inen gwalt. ja, daß man sie nit vor vil jaren vertriben hat die geistlichen väter!

[Bl. 31ᵃ] Item abj. 29. jenner ist Hans Baumgartner sampt seinem sun zů ainer von Stadion verheirat worden[2], welche ains bischofs zů Augspurg bruebers tochter gewest; ist die hochzeit zů Dillingen gehalten worden.

5. Febr.   und das haimfuern zů Augspurg geschach am montag Achatii, den 5. hornung, mit siben wägen und auf ir seiten 85 pferdt, und das auffi reiten hiesiger burger [mit] 200 mitsampt den extra orbinari, und regnet darzů fast. 15

6. Febr.   Also het man am 6. hornung ain groß mal mitsambt den freundten und darnach ain köstlichen bantz, [wie] der in langer zeit nie gesehen ist worden, mit berlen, golbt, silber, eblen stainen, halsbanden, ringen, sammat, damascat, atlaß und von zoblnfuttern; da was kain tabl, in kainer hoffart nichts gespart.   20

7. Febr.   Item abj. 7. hornung ritt das hochzeitvolck wider haim mit grossen freuden.

Item in dem pfaffenzueg sindt hie bliben[3] zů Unser Frauen: Jorg

13. Handschr. 'von' statt 'mit'.

knechten zů s. Katharinen und noch 5 knechten laut vogts zell.'

1. Die abziehenden Mönche von St. Ulrich begaben sich nach Unterwittelsbach bei Aichach, die Domherren, die Chorherren von St. Peter und die Nonnen von St. Ursula nach Dillingen, die Stiftsdamen von St. Stephan nach Höchstett (s. Beilage I), die Kanoniker und Vikarier zu St. Moritz nach Landsberg (s. Beilage II). — Bezüglich der Mönche von S. Ulrich, von denen eine Weile der größere Teil in der Stadt blieb, s. Roth, 'Die Spaltung des Konventes der Mönche von St. Ulrich in Augsburg im Jahre 1537 und deren Folgen' in der Zeitschr. des hist. Ver. f. Schw. u. Nbg., Jahrg. 1903 S. 1 ff.

2. Hans Baumgartner der jung hatte seine Hochzeit am 30. Januar 1537, aber nicht, wie es in Warneckes Ausgabe des Augsburger Hochzeitsbuches S.

40 heißt, mit Anna von Stetten, sondern, wie aus unserem Texte erhellt, mit Anna von Stadion, einer Tochter des Hans von Stadion, einer Nichte des Bischofs Christoph von Augsburg. — Der 5. tag hornung war nicht der tag Achatii, sondern Agathae.

3. Sämtliche 'Pfaffenhäuser' wurden von einer eigens hiezu aufgestellten Kommission besucht und die darin zurückgebliebenen Einwohner aufgezeichnet und verhört. So entstand die 'Beschreibung der gaistlichen ligenden gueter, in der stat Augspurg gelegen, auch derselben bewoner und hausgenossen, beßgleichen mit was maß ain jeder die besitz und innhab ꝛc. — alles zum vleissigsten durch ains erbern rats verordneten erfragt und uffgezaichnet'. (Literaliensammlung zum Jahre 1537). Was wir über die im Texte genannten Personen mitteilen, ist ein Auszug daraus.

Wagner, ain junger, voller; Narciſſus Manſer[1], ains ſchueſters ſun, het von ſeinem ſchwagern fl 70 ain jar. mehr zů ſanbt Moritzen: domprobſt Hans Koller unb Jakob Koller, ſein brueber, unb ain alter herr, hieß herr Lienhart; auch ain junger geſell, nam ſein magt zum weib, ber kunbt das tůchſcheren; item boctor Winckler unb ainer, hieß Heinli[2].

Item abj. 17. hornung hat man allen ben pfaffen, bie hie ſinbt blieben, unb ben burgern, ſo in ire heuſer zogen, entboten, unb haben bie burger von wegen bern geiſtlichen behauſungen ſchwern mieſſen, baß ſte keinen pfaffen, ſo wegl zogen, weber behauſen, beherbergen noch eſſen ober trincken geben, weber wenig noch vil, ſonber ſagen, er ſoll in ain wirts- haus [31ᵇ] geen, als lieb im leib unb gůt ſei; bamit ſei ber hauſſeß lebig von ben herren ſeins aibts. *14. Febr.*

Item abj. 18. hornung, am ſontag invocavit, hat man zů ſanbt *18. Febr.*

7. Handſchr. 'verboten'.

1. Beſchreibung: 'Herr Jörg Wagner, in ber Laur Waltherin haus beim ſtatvogt beſtanbsweis wohnhaft, ſagt, er hab ben herren burgermaiſtern ſein gemuet unb furnemen anzaigt'. Wirb aufgeführt unter ben Geiſtlichen 'zum hailigen Creutz'. — Narciſſus Manſer iſt in ber 'Beſchreibung' nicht erwähnt.

2. Die Beſchreibung ſagt: 'So iſt ber probſt Koler krank unb ſambt ſeinem hausgeſinb ſelbs in ſeiner bewonung, nit anbers willens, bann alhie zů beleiben unb zů verharten.' (S. Beilage II.) — 'Herr Jakob Ginther, ber alt, ain blind man, ſambt ſeinen kinbern unb kellerin in ſeinem haus alhie.' — Doctor Winckler bleibt in ſeinem haus von Sebaſtian Netthart uber ſambt zwaien megbten unb zwaien knaben.' — 'Herr Leonhart, ain kranker man, vicarier zů ſ. Moritzen, neben bem Dachſen, ſölbner, wonenbe, bleibt albie, hat ain warterin bei ime.' — 'Herr Jakob Ginther, ber jung, nechſt baran, bleibt hie.' — 'Neben weilenbt Hanſen Oſtwalbs ſeligen gelaßner witibin haus von ſ. Katherinen kirchen uber iſt herr Hans Sehlin, bleibt allhie.' — Jakob Ginther, ber ältere, ber auch in ben Akten öfter als Bruber Dr. Hans Kohlers (nicht etwa im Sinne von 'Chorbruber' bezeichnet wirb), ſchil- bert ſeine Verhältniſſe ſelbſt in einem Schreiben an ben Dekan unb bas Kapitel von St. Moritz (30. April 1537) in fol- genben Worten: 'Ich bin ob ein unb zwainzig jaren plinb geweſen, auch brei unb ſechzig jar alt unb bas pottengrau neulich gehebt, teglich ſchwach unb krank, baß ich nienbert hin komen kan. ſo hab ich auch in meiner behauſung ob ein unb zwainzig jaren plind gewonet, mich ba baß erkenn (auskenne) unb ergetzlichhait hab, auch troſt unb zůflucht in meinen krankhaiten unb betriebtem weſen bei brieber unb ſchweſtern, auch krainben gehebt unb noch in meinem vatterland hab; iſt ainem plinben ſchwerlich zů verlaſſen. ich bin auch klainmuetigen hertzens. es möcht mir leicht ſchwermuetig- kait in ber frembbe zůſten, baß mir geſchehe wie herr Leonharten, unſerm vicarier, welher geſunbt in Augſpurg bei euch gewonet; (ber) iſt ſeiner vernunft beraubt worben, alſo baß man in, auf ain wagen geſchmibt, wiberumb in ſein haimat geſiert.' Weiterhin bemerkt Gin- ther, baß er nun ſchon 44 Jahre Chorherr unb ſeit zwölf Jahren Bürger im Augs- burg ſei (Reichsarchlv, in ben Beil. II näher bezeichneten Akten). — Von brei Vicariern — Johannes Heulen (ibentiſch mit bem oben genannten Hans Heinli) Georg Reußmüller unb Leonhard Becherer (wohl ibentiſch mit bem oben aufgeführten 'herrn Leonhart') liegt eine an ben Rat gerichtete (unbatirte) Eingabe vor, aus ber hervorgeht, baß ſie ſich in aller Form vom 'Papſttum' losgeſagt, ſich bem 'Evan- gelium' zugewanbt unb bas Bürgerrecht angenommen haben. — Von Georg Reuß- müller ſagt bie 'Beſchreibung': 'In bes capitels haus unben: herr Georg Reiß- müller, weilent ain pfaff — iſt willens burger zů werben — ſamt ſeiner kellerin.'

Katharina die rathsknecht geschickt[1], daß sie das convent mit allen frauen und laienschwestern versamlen sollen und warten, bis die burgermeister[2] mit irem anhang komen. da bracht man den Wolfen Meislin, den prediger, und verkundet inen das wort Gottes. es war inen aber bitter dazúmal.

23. Febr.   Item abj. 23. hornung sindt die burgermeister und herren aber zú 5 sanbt Katharina gewesen mit dem prediger, da ist den frauen das wort Gottes das eingangen.

Item was für fürsten [und] herren persönlich, dergleichen derselben ge-
7. Febr.   santen und potschaften sambt den steten abj. 7. hornung zú Schmalkalben zúsamen komen sindt: erstlich des königs von Dennmarcks rethe, churfurst 10 von Sachsen, landtgraf zú Hessen, marggraf Jorg zú Brandenburg, hertzog zú Lunenburg, hertzog Ulrich zú Wirtenberg, hertzog N. zú Preissen, hertzog zú Pomern, hertzog Hainrich zú Meckelburg, hertzog Rueprecht zú Zwahen-pruglen rethe, drei fürsten von Anhalt aigner person, hertzog Philips von Grobenhagen, graf Albrecht und graf Gebhart von Mansfeldt in aigner 15 person, graf Philips von Nassaw[3], der fürsten gelerten: Martin Luther, Melanchton und ander[4].

Item von stetten geschickt: Straspurg, Augspurg, Ulm, Franckfurt, Jsna, Nurnberg, Weissenburg, [32a] Costnitz, Memingen, Eslingen, Kempten, Winshaim, Reutlingen, Lindaw, Bibrach, Hailbrun, schwebi- 20 schen Hall, Bremen, Magdenburg, Lübeck, Hamburg, Braunschweigl, Goßlar, Gottingen, Minden 2c.[5]; so ist man da warten der kais. mt. und des bapsts potschaft[6], die diesen tag besúchen wollen. die herbergen sindt schon bestellt.

26. Febr.   Item den 26. hornung was ainer von Pappenhaim, thumbherr hie, 25 der macht ain aufheben mit ainem kesselschmidt gsellen zwuschen Weissen-

1. S. zu dem damals vergeblichen Bemühen des Rates, die Nonnen von St. Katharina für das Evangelium zu gewinnen, Roth, A.R.-G., II S. 320 ff. — Der bei den Bekehrungsversuchen verwendete Prediger war Wolfgang Mäuslin (Musculus).

2. Die Bürgermeister des Jahres waren Hans Welser und Mang Seitz.

3. Nach einem handschriftlichen Exemplar des Abschiedes dieses Tages (vom 7. Februar bis 6. März 1537) im Augsburger Stadtarchiv (Schmalkaldica) waren von Bundesfürsten persönlich anwesend: Der Kurfürst von Sachsen, die Herzöge Ernst und Franz von Braunschweig-Lüneburg, Philipp, Herzog von Pommern (mit Vollmacht für seinen Vetter Barnim), Ulrich, Herzog von Württem-

berg, der Landgraf von Hessen, Wolfgang, Hans, Joachim u. Georg von Anhalt, Graf Albrecht von Mansfeld (mit Vollmacht für seinen Bruder Gebhart).

4. S. das Verzeichnis der anwesenden Prediger im Corpus Ref. Bb.III S. 287.

5. Von oberdeutschen Bundesstädten waren durch Gesandte vertreten: Straßburg, Frankfurt, Augsburg, Konstanz, Ulm (mit Vollmacht für Biberach, Jsny und Reutlingen), Eßlingen, Memmingen, Kempten, Lindau; von sächsischen Städten: Magdeburg, Bremen, Hamburg, Minden, Braunschweig (mit Vollmacht für Göttingen). Goslar, Hannover und Einbeck hatten 'geschrieben und in solchen schriften iren gwalt und bevelch übergeben'.

6. Dr. Matthias Held; Peter Borsius, Bischof von Acqui.

burg unb Pappenhaim unb schlůg ine hart[1] unb sprach: 'sag benen von
Augspurg, ber Marschalck von ber thumkirch von Augspurg habs thon'.

Abj. 18. merten hat man an ben prebigen verkunbt, wie die vor-
benanten cristen im schmalkalbischen punbt in vergleichung unb ainigung
5 bes glaubens komen sinbt, bas zů halten unb ba zů beleiben, auch baran
[zů] seten unb [zů] verliern leib, lanbt, eher unb guet[2].

Item abj. 7. april hat ain rath ben babstischen aufs haus für rath-
boten, bie ba seien gein Fribberg, Lechhausen, Oberhausen zum nachtmal
gangen aus truh unb wiber bas gebot ber stat, unb inen anzaigt, wa sie
10 ain sel hetten ber meß halben unb anbern ceremonien, so woll ain rath
sie mitsampt ber schrift unb concorbien zů Schmalkalben, welchs war ist,
auch bie sach ba můß bleiben unb ewig ist, unterrichten; unb inen barzů
hinfuran solchs verpoten, bei ains raths straff zů verhueten[3].

Item auf bas ausziehen unb fliehen ber schenbtlichen, lugenhaftigen,
15 huerischen pfaffen, wie bie [32ᵇ] propheten gerebt, haben sie erbacht ain
mißginnung auf bes reichs straß zů Zusmershausen unb bie straß unb
weg mit schranken verschlagen, besgleichen zů Dinckelscherb, baß bie gueter
von Franckfurt ꝛc. uber ain grossen perg [geen unb bie furleut] beim schloß
mit grosser arbait anspannen unb fursehen haben miessen[4]; es sinb auf
20 ber straß von knechten gehalten worben 40 puchsenschuhen unb 25 pferbt,
unb ist ein wiberwill gewesen, bie schranken aufzůhauen; zum anbern
[haben] sie wöllen ben marckt plinbern unb bas schloß ablaufen, boch
haben sie in bem allen kain bevelch gehabt; auch haben bie paurn ain
bevelch vom bischof gehabt, ben von Augspurg kain guets wort zů geben
25 ober hilf zů thůn.

Item ber pfarrer zů Geckingen hat ben palmesel kuht; ba hat man
mit palm zů im geschossen, inbem hat ainer mit stainen zů im geworfen,
ba ist er barvon geloffen, unb ist ber esel barvon entrunnen[5].

19. In ber Hanbschr. nach 'miessen' bas Wort 'geen'.

1. S. zur Sache Roth, A. R.-G.,
II S. 379. Der in Rebe stehenbe Domherr war Wolfbietrich von Pappen-
heim, auch Domherr in Bamberg. Der
Überfallene war ein 'Sägenschmieb' Namens Leonharb Reisenberger.
2. Die betreffenbe 'Kanzelabkünbi-
gung' wegen bieser Beschlüsse bes schmalkalbischen Konventes ist gebruckt bei
Germann, Dr. Johann Forster, 1894,
S. 189.
3. S. hiezu Roth, l. c. S. 317 unb

S. 343 nr. 30, wo bas betreffenbe Ver-
bot mitgeteilt ist. Der Vorgang war am
3. April.
4. Zusmershausen unb Dinkelscher-
ben im Besihe bes Bischofs von Augsburg unb bes Domkapitels.
5. Gögginen ein im Süben ber
Stabt in unmittelbarster Nähe berselben
gelegenes Dorf. Der in Rebe stehenbe
Pfarrer scheint eine in Augsburg sehr bekannte, aber nicht eben in gutem Geruche
stehenbe Persönlichkeit gewesen zu sein,

12. Januar Item abf. 12., vor der auffstellung der paumeister, ist ain straff
.geschehen [1] mit doctor Ulrich Jungen von Zirch und doctor Jerion Seiler
von Aichach [2] und N. Ainkuren von Norlingen und Martin Haiden,
rathschreiber; sindt gestrafft worden ainer umb fl 200.

Ein frag, warumb so vil teufl und nur ain gott, den pfaffen zu [5]
Saltzburg an die kirchthur geschlagen.

[33ᵃ] Antwurt.

Hab ainer ain kleine gedulbt:
Es ist der munich und pfaffen schuldt.
Hetten sie in iren messen   10
So vil teufl als hergott gefressen,
So hetten sis all langst ausgetriben,
Und weren der teufl über fünf nit uberpliben.
Das sindt die fünf hauptteufl:
Bischof von Lüttich, bischof von Wien, bischof von Saltzburg, bischof [15]
von Trient und der bischof von Meintz [3].

----

1. Handschr. 'des paumeisters'.   4. Nach 'fl 200' in der Handschr. unverständlich: 'aber sie
haben aufgesetzt gehabt: haben nit kennen gern, die andern sindt zu leicht gewesen, haben nicht zu
wechslen gehabt.'   11. Der Sinn verlangt 'herrgott'; in der Handschr. heißt es 'pfaffen'.

wie eine bei Roth, A. R. G., II S. 341
Anm. 14 aus dem 'Strafbuch' des Jahres
1537 mitgeteilte Stelle ersehen läßt.
  1. Vgl. Sender S. 404. Die Langenmantelsche Chronik, Bl. 594ᵇ:
'Anno 1537 wurden die zwei doctor der
ertznei, nemlich und mit namen doctor
Ulrich Jung, der wollt auch ein ritter sein,
und doctor Gereon Seyler gestrafft darumb, daß sie ir ee gebrochen mit leichtfer-
tigen personen, ein jeder um 100 fl. und
doctor Gereon was ein bestellter doctor zue
Augspurg. heten iren handel schandtlichen
getriben. es ward auch der Jorg Reiching
umb obgemelter sachen, wegen des eebruchs,
gestrafft, auch umb 100 fl. dise drei, und
besonders doctor Ulrich und der Reyching
heten hipsche weiber. und doctor Ulrich

und der Reiching wurden hernach im
1538. jar zue den neuen geschlechtern
zugelassen. das machet, doctor Ulrich
het ein adelsbrief wie ander bei dem
kaiser ausbracht'.
  2. Von Blumenthal bei Aichach. —
S. zur Sache Roth, l. c. II S. 335.
  3. Die Genannten sind: Eberhard
von der Mark (1506—1538), Johann
Faber (1530—1541), Matthäus Lang
von Wellenburg (1519—1540), Bernhard
Cles (1514—1539), Albrecht von Brandenburg (1514—1545). — Da ich die
Zeit, zu welcher das Pasquill angeschlagen wurde, nicht feststellen konnte, muß ich
es unentschieden lassen, ob dieser Eintrag
noch von unserem Preu herrührt.

Item abj. 3. novembris anno 1542 hat man den grossen thurn zů sanct Leonhart zwůschen 2 und 3 uhren niber geworfen, und ist 200 jar gestanden. er hat der stat zůgehort [1].

3. Nach 'gestanden' in der Handschr. 'wie man paut hat'.

1. Hier sind offenbar zwei verschiedene Vorgänge, nämlich die Abtragung des Turmes der St. Leonhardkapelle im Welserhause zu Augsburg (1540) und der Abbruch der St. Leonhardskirche an der Gögginger Straße zusammengeworfen. Das im Texte angegebene Datum paßt zu letzterem. Die Langenmantelsche Chronik berichtet auf Bl. 614ᵃ: 'Anno 1542, im november, ward S. Lienhartskirchen, zwischen der statt Augspurg und Geggingen gelegen, abgeprochen von grund heraus und die stain herein gefuert und gepraucht. als das geschach, hat der bischof von Augspurg durch sein rentmeister und burggrafen ein protestation vor einem rath bemelter kirchen halben thun lassen. Und es was ein hipsche kirchen, hat 2 hoch thürn [gehabt] und [was] mit einer mauer umbfangen und ein zimlich groß haus darbei, ein pfaffenhaus, das war der pfaffen sumerhaus. und geschach vil hurerei und ander übel darinn, und was eines meßmers haus auch darbei; die wurden auch in grund abgebrochen'. Vgl. Gasser-Werlich, III S; 43. — Die Steine, die man von der Abbruchstelle hereinführte, wurden zu den damals stark betriebenen Befestigungsbauten an der Stadtmauer verwendet.

Beilagen.

I.

Etliche punkten, welche fraw abbtiſſin, zue wiſſenhait irer nachkomen ufgeſchriben, hinderlaſſen[1].

Item zum erſten, was mir und meim gotzhaus geſchehen iſt in der
5 lutterei, wie hernach volgt, von den von Augspurg.

Und wie man zelt hat dreiſſig und ein jar, da ſindt komen die zechherren
oder helgen pfleger, wie man ſie nent, in der pfarr zů ſant Steffa an ſant
Johannestag, des euangeliſten, und hand genomen aus meiner kirchen zů ²⁷·Dez·¹⁵³¹
ſant Steffa aus dem ſegerer ain groſſen ſilberine monſtrantzen, die hat ain
10 burger zů Augspurg geben, genant der Walther, in der eer Gottes, die man
nutzen ſol in der quabwochen, daß man das hailig wirdig ſacrament darin
tragen ſol[2].

Weiter hand ſie da mitgenomen zwo klain monſtrantzen und zwei
ſilberin ſchelen und fünf kelch, die hand ſie gar abgethan und hand von
15 meim pfarrer nit wellen leiden, daß er ein jartag gang, und habend im dargegen nichts geben; und das liecht vor dem ſacrament hand ſie gar hinweck
gethan und ander amplen, die geſtift ſind geweſen, habends nit mer wollen
brinen laſen; und was ſie vir kertzen in altem brauch geprent haben, die
haben ſie auch nimer wellen prennen laſſen.

20 Weiter auf den achten tag herpſtmonat im vierundbreiſſigſten jar da ⁸·Sept·¹⁵³⁴
kam der ſtatvogt und die zechherren zů ſant Steffa für mich und begerten
die ſchliſſel, die zů der kirchen gehörten, die ſolt ich inen geben. das hab ich
nit wellen thuen. auf ſolichs haben ſie die klaine thür aufgeprochen, und
das kirchlin zů ſant Gallen habend ſie eingenomen, daß ich gar kain gwalt
25 hab dariber gehept[3]; und wer ſolchs kirchlein oder capellen notturftig geweſt,
denn es iſt der prauch alwegen geweſen, daß man hat mueſſen ſil proceſſen
haben; das hat man alß bisher undermegen mueſſen laſſen.

Weiter hab ich ein behauſung zůnechſt bei dem kloſter zů ſant Steffa,
bei dem vorzaichen, wie man in die kirchen gat; da haben mir die von Augs-

---

1. Zu S. 61, 14. — Alte Kopie im
Reichsarchiv, Augsburger Klöſter, Faſc.
nr. 71, St. Stephan. — Die Abtiſſin,
von der die Aufſchreibung herrührt, war
Anna von Freyberg (1523—1555). Das
Schriftſtück iſt 1547 oder 1548 verfaßt.

2. Primbs, l. c. S. 125. — Die
Stiftung dieſer Monſtranz iſt erwähnt
in den 'Stiftungen der Walterſchen
Familie in Donauwörth und Augsburg',
Augsb. Chroniken, III S. 395.

3. Primbs S. 125.

purg ein darein gesetzt ausserhalb meins gunsts und willen; bin der hoffnung, sie werden mir mein gerechtigkait wider zustellen.

25. Jan. 1537 Zum ersten bin ich mitsampt meinen frauen auf den fünfundzwainzigisten
tag des jenners im sibenundreissigisten jar von Augspurg weggezogen ob ires
unpillichen fürnemens, das sie den gaistlichen und mir mit inen furgehalten 5
haben in geschrift, des denn uns allen beschwerlich was anzünemen[1]. darauf
hab ich miessen von meim gotzhaus ziechen mit grossem schaden, wie hernach
volgt.

Da ich gen Höchstett bin kumen, da hab ich ein behausung miessen
kaufen in grossem gelt, und woll zu besorgen ist, daß mir solche behausung 10
umb eine solliche suma gelts nit widerlegt kan werden, des denn meim gotzhaus ein grosser schad ist. hab ich gewelt, und nit unpillich, daß ich mit
sampt meinen frauen ein unberhaltung könd haben, so hab ich die behausung
miessen annemen. auch weiter hab ich mein einkomen in dises obgenant
haus nit kinden legen und hab miessen alle jar ein zins geben, da ich es 15
hab miessen hinlegen, des denn meim gotzhaus auch ein grosser schad ist.
sollichs wer ich zu Augspurg iberhept gewest; des man denn wol rechnen
mag, was die zeit erloffen hat alle jar zu geben. ist nit minder, da man
sach, daß ich es kaun muest, muest ich besser mer geben, des wol zu vil was.
ich hab auch miessen alle jar geben denen von Höchstett zu sitzgelt acht gul- 20
din, und am herausziechen von Augspurg ist mir gar vil dariber gangen.

Weiter: dieweil ich von Augspurg bin gewesen, ist mein gotzhaus in
grossen schaden kumen, daß die heuser und meuren baufellig sind worden,
des denn meim gotzhaus und mir ein grosser schad ist, des man woll ermessen
mag; denn wer ich dagewest, so hett ich alle jar etwas daran gepauen, daß 25
es in den abfal nit wer kumen, denn mein gotzhaus ist in dem vermügen
nit, daß es neue heuser pauen künd.

Weiter ist mir Bernhard Walther alle jar schuldig zu geben ain zins
23. April
29. Sept.
1546sechs gulbin in golb, die drei auf sant Jergen tag und die drei auf sant
Michels tag. und die auf sant Michels tag im sechsundfiertzigisten jar hat er 30
mir nit geben; haben in mer dan einmal aufgefordert, hat alweg gesagt, er
dörf sollichs gelt nit geben, es sei im verpotten worden von seinen herrn[2].

---

1. S. oben S. 77 ff.
2. Während des schmalkaldischen Krie-
ges ließ der Rat (10. Aug. 1546) folgenden Befehl ergehen: 'Welche burger
und inwoner den genannten geistlichen,
bischoff, capitl, bröbsten, äbbten rc., von
heusern, gärten, angern, velbern, mu-
linen, wässern, und wie es genent mag
werden, zinsbar und gulbbar seien, die
sollen hinfuran on ferrern beschelbt ains
erfamen rats benselben geistlichen weder
wenig noch vil zins und gulbt raichen
noch betzaln. ain jeder full sich auch zu
den verorbenten gulbtherrn, nemblich
Georgen Hopfer und Joachim Jenisch,
verfügen und anzaigen, was, wieviel und
wem, auch von was stücken und gütern
sie den genanten geistlichen gulbt zu
raichen schuldig gewest oder noch seien'.
Ratsbekr. 1546, II, Bl. 22b.

Der Zwist Dr. Johann Kohlers mit dem Stifte St. Moritz[1].

Das Vorgehen des Rates gegen die Geistlichen im Januar 1537
traf diese völlig unvorbereitet, und bei der kurzen Frist von acht Tagen,
5 die ihnen zur Rüstung für ihren Abzug gesteckt wurde, hatten sie nur
wenig Zeit, über die künftige Ordnung ihrer geistlichen Obliegenheiten
zu beraten. Besonders leicht machten es sich in dieser Beziehung die
Chorherren von St. Moritz[2], die einfach den Beschluß faßten, zunächst
jedem die Wahl seines Aufenthaltes freizustellen und erst auf Pfingsten
10 zu einem Kapitel zusammenzutreten, auf dem die vom Stift als solchem
zu ergreifenden weitern Maßnahmen beschlossen werden sollten. Daraufhin erklärten die Chorherren Dr. Kohler, Dr. Winckler und Jakob
Günther sowie mehrere Vikarier bis auf weiteres in Augsburg bleiben
zu wollen. Viel strammer war das Domkapitel verfahren, das, sobald es
15 die durch den Umzug von Augsburg nach Dillingen entstandene Unord-

1. Zu S. 79, 2. — Dr. Johann
Kohler (oder Choler, wie er sich selbst
schrieb), war Probst zu Passau, dann zu
Chur, dann Chorherr zu St. Moritz in
Augsburg. S. über ihn Gasser-
Werlich, II S. 279, III S. 32;
Veith, Bibliotheca Augustana, Alph.
IV (Aug. Vind. 1788) S. 163; Braun
(auf Veith fußend), Gesch. der Bisch.
von Augsburg, Bd. III (Augsburg 1814)
S. 621; Förstemann und Günther,
Briefe an D. Erasmus von R. im
XXVII. Beiheft zum Centralblatt für
Bibliothekwesen, Leipzig, 1904, S. 325.
— Kohler stand in Briefwechsel mit Eras-
mus, den er (1534) gegen Luther aufzu-
hetzen versuchte, mit Peutinger, Wolf-
gang Rem usw. und in persönlichen Be-
ziehungen zu dem Augsburger Bischof
Christoph von Stadion, Anton Fugger,
Hans Baumgartner und verschiedenen
Mitgliedern der päpstlichen, kaiserlichen
und königlichen Kanzlei. Briefe zwischen
Kohler und Erasmus s. bei Burcherus,
Spicil. autogr. etc. (Lipsiae 1784 ff.) —
neu ediert und ergänzt von Förstemann u. Günther, l. c. S. 149, 175,
177, 184, 203, 239, 242, 245, 248, 253,
258, 271 — und bei Horawitz,
Erasmiana, I in den Sitzungsber. der
kais. Akad. d. W. in Wien, phil.-hist. Kl.,
Bd. 90 S. 443, 444, 448. — In welchem
Verwandtschaftsverhältnis Kohler zu dem
im Jahre 1497 verstorbenen Paul
Kohler, ebenfalls Chorherr zu St. Moritz
und ein viel genannter 'Pfründenfresser'
(Augsb. Chron. Bd. V S. 272), und dem
durch seinen 'Stubenhandel' bekannten
Georg Kohler (l. c. S. 57 ff.) stand,
konnte nicht festgestellt werden. Aus den
Steuerbüchern ergibt sich nur, daß sein
Vater Johann ein wohlhabender Augs-
burger Bürger und Hausbesitzer war, der
im Jahre 1522 starb.
2. Das Nachfolgende stützt sich auf
Akten des k. b. Reichsarchivs: Augsburg,
Chorstift St. Moritz, nr. 88.

nung erlaubte, (um den 20. Februar) festgesetzt hatte, daß der Gottesdienst, der bis dahin in der Augsburger Domkirche gehalten worden war,
'soviel immer möglich in derselben Ordnung ohne Minderung' in der
Hauptkirche zu Dillingen eingerichtet werden solle. Daß man sich auf
Seite des Domkapitels so rasch mit den neuen Verhältnissen abfand, war 5
zum guten Teil den Anregungen des Bischofs Christoph von Stadion zu
danken, der nach Kräften bemüht war, auch bei den übrigen aus Augsburg ausgewanderten geistlichen Korporationen die Neuordnung der Dinge
zu fördern. Da konnte er nun mit der Art und Weise, wie die von St.
Moritz die Sache zu behandeln suchten, wenig zufrieden sein, und er ver- 10
12. März langte deshalb von ihnen, daß sie sich schon am Montag nach Lätare ver-
sammeln sollten, 'um sich eines Anwesens zu vergleichen, ihre Vikarier zu
sich zu berufen und den Gottesdienst laut ihrer Stiftung ordentlich, wie
sie vorher getan, ohne Abgang, so viel und so bald es sein mag, zu voll-
bringen'[1]. Als der Dekan Marx Harber, der mit einigen der Chorherren 15
vorläufig in Landsberg Aufenthalt genommen hatte, dies den dort nicht
Anwesenden mitteilte[2] und sie auf den angegebenen Termin zu sich berief,
weigerten sich die in Augsburg Zurückgebliebenen, indem sie auf den im
Januar zu Augsburg einstimmig gefaßten Beschluß hinwiesen und sich
außerdem noch mit verschiedenen Gründen entschuldigten. 20

Die Antwort Kohlers lautete:

Verschinen tagen hat her Jerg, unser burschner, etlich prief und schriften von unserm gnedigen herren von Augspurg, auch von e. e. hieher ge-
pracht, an her Jacob, meinen bruder[3], doctor Winckler[4] und mich, auch an
her Jorg Herman[5] geschriben, darauf ich bisher meiner person halb euch 25
kain antwurt hab geben aus ursach, daß ich hab verhofft, mein sachen solten
sich dermassen gebessert haben, daß ich selbs personlich hett mugen hinauf
gen Lanspergk zu euch kumen. dieweil nun desselb in ansehung meiner
trancat diser zeit nit mag sein und ich weder bei meinem arzt noch bei mir
selbst kan sünden, daß ich mich müge jetzt diser zeit hinauf verfuegen, hab ich 30
e. e. mein monung dannocht geschriftlich wellen anzaigen; dann wa ich so
ful starck wer gewest, wolt ichs ful lieber muntlich gethan haben, were auch
fileicht fruchtbarer und entprieslicher gewest.

Erstlich, wie ich verstand aus eurem schreiben, daß ir willens seit
12. März generale capitulum auf montag jetz nechstkunftig zu halten und in geist- 35
lichen und weltlichen sachen conclusione zu handlen, möcht ich meins thails

---

1. Der Bischof an Dekan und Kapitel von St. Moritz. dd. Dillingen, 22. Febr. 1537.

2. Schreiben dd. Landsberg, 25. Febr. 1537, dem die in Anm. 1 erwähnte Zuschrift beigefügt war.

3. Jakob Günther (s. oben S. 79, 3 mit Anm.).

4. S. oben S. 79, 5.

5. Auch ein in Augsburg zurückgebliebener Chorherr, der sich aber bald den Wünschen des Kapitels fügte.

wol leiden, ir hetten euch bas bebacht, dieweil ir wist, daß de totius capi-
tuli consensu bewilligt und unanimiter under uns concludiert worden ist,
baß ain jedlicher mug sein, wa er well, doch ad minus usque ad festum
pentecostes [1]. solichs hapt ir auch vicariis omnibus angezaigt, und deßhalben hat sich ain jedlicher barnach versechen und sein sach barnach gestelt;
tan auch nit gebenden, baß ir solichs becret mit füg mugen abtreiben, ob ir
schon meins gnebigen herren von Augspurg schreiben wolten herfurziechen,
bann mein gnebiger her schreipt nit anderst, bann wie sein fürstlich gnab bericht wirt. so ist ain alt sprichwort 'brief und suppen seien zu hoff wolfail'.
wann sein fürstlich gnab ber sachen bas wer bericht, fileicht hett er euch ain
anbern abschib geben.

So landt ir euch in eurem schreiben merden, ir wellend nicht handlen
ober concludieren, wir seien bann all zusamen bei ainander. dieweil bann,
wie ich verstand, doctor Windler nit willens ist, biser zeit zu euch zu tumen,
sunber sich bes abschibts, so wir hie gemacht haben, zu halten [2], tan ich nit
gebenden, baß ir möcht fruchtbares künden concludieren biser zeit, maxime
in his rebus, quae pertinent ad dispositionem rerum temporalium.
wir künden und mügen uns nach bem thumcapitel tains wegs richten, quia
inter nos et illos nulla est comparatio, wie ir als bie verstenbigen
selbs wol mügt abnemen. beßhalben gebundt mich, ir ellend zu fast, ee
nobt, bann niemants noch weist, was sich zwischen hie und festum S. Mar-
garete [3] mag zutragen, und send bie leuf schwer, seltzam und gant sorgllich.
solt man bann vil ansachen und sich füller sachen untersten und solt bes-
selbigen nit verfolg haben, so ist es ferachtlich und tregt nit tlain spott auf
im. beßhalben gebeucht mich, ir sechen lenger zu, wa boch bie sachen hinaus
wolten, bann ich besorg, wir werden noch ful anber meer haben, barauf ir
fileicht wenig jetzt gebendt; ich wolt euch lieber muntlich berichten bann
mit schrift.

Ich tan nit gebenden, ob wir schon all bei ainander biser zeit weren,
baß wir was fruchtbars mechten handlen, quia de futuris contingenti-
bus nulla certa dispositio fieri potest, maxime in tanta rerum
omnium perturbatione. so ist mir nit alain ungelegen hin und her zu
wandern, sunber auch gant unmuglich, wie ir mugt selbs wissen. so ist es
nit ain tlaine sach so gelling und lieberlich ain solchen stift zu transferieren;
berft weiser leit rebt und güt vorbetrachtung, sunber bei bisen zeiten, barmit
wir nit an ain stod sueren, bann entlich ist bie tue nit noch im rechten stall.
besorg, es sei noch ain wilb wetter vorhanden.

Quantum ad spiritualia, wolt ich nit barwiber sein (wo ir mit stat
und füg tünten), baß ir gesungen und divina officia celebriert hetten, so
ful ir statt und füg mügen haben, on sunbern grosen bracht. und so ir bas-
selbig also wolten ansachen, wer es nobt, baß dominus decanus fleissig were
ad coercendum discipulos et precavendum levitatem in divinis offi-

1. Eventuell sogar bis Jatobi, wie
aus anberen Schriftstüden hervorgeht.
2. So schrieb Dr. Windler selbst am

1. März 1532 an ben Detan.
3. S. Anm. 1.

20. Mai

20. Juli

ciis, dann solten sie nit mit mer zucht, forcht und andacht zů Lansperg gehalten
werden, dann wie es hie zů Augspurg gewest ist, were besser, ir underliest
es alls.

Ich wolt von hertzen geren bei euch selbs sein, wa es mir muglich 5
wer, dann ich kan euch mein monung nit gar schreiben. so bald mir Got
gnad verleicht, will ich mich, wills Got, zů euch verfuegen, wiewol ich verstand, daß mich etlich ubel ausgießen; den mecht mit der zeit ir lon auch
von mir werden, dann ich hab nichts gehandelt, das ainem loblichen stift oder
mir selbs zů uner, nachtail oder schaden mecht raichen. bin auch nie burger-
lich pflicht zů thon ersucht von jemants worden, dann jederman wol wissendt 10
hie ist, daß ichs kains wegs wurdt thon; ee wolt ich mich aus der stat vir das
thor haben tragen lassen, wenn mir das geschechen wer. dieweil ich dann so
ful lufts mag hie haben, kan ich nicht gedencken, daß jemantz beschwert soll
an mir haben, ich liege hie oder zů Lanspergk im pett; so kann ich diser zeit
ainem stift, dieweil ich hie bin, mer nutz sein, dann do ich zů Lansperg lieg, 15
in manig weg, das mit der zeit ain gantz capitel mecht empfinden, dann ich
auch zů Lansperg weder in choro noch in foro mecht sunder nutz sein; alain
so ich bei euch wer, daß ich euch der leuf allenthalb mecht das berichten, des
ich der feder nit kan vertrauen.

So ist auf datum maister Mang, pfarrer zů Lansperg, bei mir ge- 20
wesen; mit dem hab ich allerlai conferiert und im anzaigt, wie es zum theil
uberal stet, und was die leuf uberal sind; der mag euch wol unterricht
geben. und sunder so will mich kains wegs gůt geduncken, daß ir jetz sollen
anfachen zů singen, dieweil wir nit wissen, ob wir zů Lansperg mügen verharren, ob uns der fürst woll oder werd aufnemen, und ob solichs singen 25
und lesen denen von Lansperg werd angenemen. deßhalben gedeucht mich
besser, man lies das gesang aus und lesend dest fleißiger meß. ich waiß
kain underschid under ainer gesungen und ainer gelesen meß, dann daß aines
mit ainem geschrei, des ander in der still zůgehet; ist aber Got mer angenem
stille andacht dann laut geschrai on andacht. solchs schreib ich von wegen, 30
daß man kain neuerung leichtlich anfach, man sei dann gewiß, daß man die
mug also hinaus pringen und verharren. so gedenck ich nit, daß ain pfarrer
werd gedulden, daß ir was neurend in sua ecclesia, on ain verstand voran
gemacht, daß im sei eur singen und lesen unnachtailig in sua parochia,
darauf ir muest bedacht sein. 35

Wa mir Got zů besserung meiner gesundhait hulf, wolt ich nit lang
von euch sein, wiewol es diser zeit so gar notig nit ist, bis man das sicht,
wa sich die leuf hin wenden — welches dann bald geschechen wirt — und
sich der schmalkaldisch punt endet [1]; darvor mügt ir stattlich nicht handlen.
in solher weil kumpt vileicht doctor Winckler auch, darmit wir ainhellig all 40
der sachen mügen ains werden.

So ful hab ich diser zeit kunden schreiben. weil mich hiemiet euch allen

---

12. Im Brief heißt es statt dessen versehentlich 'wie mir geschechen wer'.

1. Kohler will sagen: 'und sich　　Kohler noch nicht wissen konnte, am
die schmalkaldische punts versamlung',　5. März zu Ende gekommen.
die damals getagt, 'endet'. Sie war, was

fraterne bevolhen haben. orate deum pro me. Dat. die veneris ante
dominicam letare 1537. 8. März
Deditissimus confrater vester Joannes
Choler, propositus. (Vgl.)

5 Mochte Kohler sich noch der Hoffnung hingeben, daß aus der Nieder-
lassung der Chorherren in Landsberg so bald doch nichts werden würde,
so waren diese schon daran sich die Erlaubnis dazu zu erwirken. Auf eine
'Fürschrift' des Bischofs hin[1] sagte Herzog Wilhelm von Bayern zu, sie
bis zu ihrer 'Restitution' in Landsberg sitzen zu lassen, sie in Schutz und
10 Schirm zu halten und seinerzeit 'ohne alle Entgeltnis zu ihrer vorigen
Possession wiederum abziehen zu lassen'[2]. Indem der Dekan dies Kohler
am 10. April eröffnete, zeigte er ihm an, daß nach Vereinbarung des
Kapitels die Vikarier bis Pfingsten in Landsberg eintreffen müßten, und zu 20. Mai
dieser Zeit 'die Residenz daselbst angefangen' werden würde. Auch Kohler
15 solle sich zu diesem Termin einstellen. Aber dieser versicherte neuerdings, nicht
nach Landsberg übersiedeln zu können, und bat Dekan und Kapitel ihm die
aus dem Stiftseinkommen ihm zustehenden Reichnisse nach Augsburg über-
mitteln zu wollen, da sein Gesundheitszustand sich nicht gebessert habe und
die Pfründe ja auch nicht in die Stadt Landsberg, sondern nach Augsburg
20 gestiftet sei. Der Dekan und die in Landsberg versammelten Chorherrn
erklärten daraufhin, daß die Pfründe nicht an den Ort, sondern an die
Leistung der mit ihr verknüpften Verpflichtungen gebunden sei, und machten Schwierigkeiten, seinem Begehren zu willfahren. Darüber verstrich
der ganze Sommer. 'Will noch fraintlich gebeten haben', schrieb Kohler,
25 nachdem er dem Dekan seine Umstände noch einmal auseinander gesetzt
hatte, am 23. August, 'ihr wollet die Sach nicht in die lange Truhe
legen, sondern euch einer endlichen Antwort entschließen und mir die für-
derlich ohne Verzug zuschicken. Es bedarf doch nicht langen Bedenkens
oder langen Ratschlagens; die Sache ist so groß nicht oder so schwer, daß
30 es großer Disputation bedürfte. Es ist euch allen genug gesagt und geschrieben durch mich worden. So habt ihr gut Wissen, worauf die Sache
steht. Dürft nur ja sagen oder nein. Bitte noch aufs höchst, ihr wollet
mir darab helfen. Was wollt ihr viel thädigen mit mir? Werdet nicht
mit mir reich werden'. Als aber auch diese Zuschrift ohne Wirkung blieb,
35 wandte sich Kohler an den Rat seiner Vaterstadt, wo er ohne Schwierigkeiten Gehör fand. Es wurde nun vom Rate den Chorherren ein Tag

---

1. Datiert Dillingen, 14. März 1537. stoph, dd. München, 22. März 1537.
2. Herzog Wilhelm an Bisch. Chri-

zum gütlichen Vergleich in dieser Sache vorgeschlagen, und diese sahen sich veranlaßt, darauf einzugehen, da sie befürchten mußten, daß ihrem Stifte sonst die allerdings nicht bedeutenden Gefälle, die ihm aus der Stadt zuflossen, gesperrt werden würden. Bevor aber die bei der 'Thädigung' besprochenen 'Mittel' vom Dekan und den Seinigen endgiltig angenommen waren, schlug sich, um eine weitere Einmischung des Rates hintanzuhalten, der mit beiden Parteien befreundete Anton Fugger Mitte Oktober 1537 in den Handel und erbot sich[1], nachdem er mit Kohler Rücksprache genommen, den Chorherren gegenüber den 'Span' zum endlichen Austrag zu bringen. Es handle sich darum, Kohler mit 140 bis 150 Gulden jährlich abzufinden und, da er seit dem Wegzug des Kapitels von Augsburg nichts mehr erhalten habe, angemessen zu entschädigen. 'Will euch, Herrn vom Kapitel allhie', schließt Fugger seinen Vorschlag, 'ermahnen, daß ihr in dieser Sache nicht wollt karg seid, denn der Mann ist krank. Dürft nicht besorgen, daß ihr ihm's lange geben werdet'. Man wird annehmen dürfen, daß die Chorherren einwilligten, wenigstens findet sich nichts in den Akten, das dagegen spräche.

Wann Kohler gestorben ist, konnte nicht erhoben werden; daß er sich noch, wie Gasser (l. c. S. 279) angibt, verheiratet hat, ist nach allem so viel wie ausgeschlossen; es dürfte sich hier um eine Verwechselung mit seinem Bruder Jakob Günther handeln (s. oben S. 79 Anm. 2 und S. 90, 24), der auch unter dem Namen Kohler vorkommt[2].

---

1. Anton Fugger an Dekan und Kapitel am 19. Okt. 1537.

2. In den Dreizehnerprotokollen finden wir folgende Einträge: 'Jakob Günthers und propst Kolers kinder halber sol bei dem statvogt erfarung beschehn, und so was vorhanden, inen davon diser zeit geholfen werden'. 24. Okt. 1538. — 'Erkennt, daß her Jakob Günthern und her Joh. Kolers kinder bis auf sein absterben per rata das, so alhie durch reichsvogt einbracht ist und wirbet, zugestellt werden solle'. 31. Okt. 1538. — Ebenda: Pfaff Günther soll sein köchin eelichen, wo nit, [soll sie] von ime verschafft werden'. (25. Juli 1538). — Vielleicht hat der alte, blinde Mann, um seine Pflegerin nicht zu verlieren, sich entschlossen, sie, die vielleicht auch die Mutter seiner Kinder war, zu heiraten; Bürger war er ja ohnehin schon.

Gloffar
zum Text der Chronik.

***

Vorbemerkung: Dieses Gloffar hat zunächst den Zweck, veraltete und schwer verständliche Wörter und Ausdrücke zu erklären, dann aber auch den, einen Einblick in den Wörterschatz und die sprachlichen Eigentümlichkeiten des Chroniften zu ermöglichen, wobei freilich in Rückficht auf den geringen Umfang der Chronik eine gewisse Beschränkung auf das Nötigfte geboten war. Für beide Zwecke schien es überflüffig, alle Stellen, an denen ein in unser Verzeichnis aufgenommenes Wort vorkommt, zu citieren.

Ab Präp. mit Dat. von 48,12. 52,25. 65,12. 71,2.

aber Abv. wieder 29,21. 80,5.

abgân mangeln, fehlen 74,7; in Abzug kommen 68,12.

abgân sterben 51,6 (mit todt) 51,4. 65,15. 69,9-25.

abgot Götzenbild 44,5; (ironisch) eine verehrte Persönlichkeit: der Bischof von Augsburg 61,11; der Herzog von Bayern 78².

abgotterei Bilderverehrung 50,11. katholischer Gottesdienst 76,17.

abkeren abwendig machen 29,19.

abkünden verkünden 19,15; aufkündigen, auflagen 72,16.

ablaufen einschloss es erobern 81,22.

ablegen abschaffen 75,8.

abschlahen abschlagen 28,8.

abschlaifen jemandem das seine ihn darum bringen 46,24.

absetzen ein ratsmitglied es begrabieren, seines höheren Amtes entkleiden und zu einem gewöhnlichen Ratsherren machen 34,6.

absprechen ein urtail es fällen und vollziehen lassen 43,5.

abstillen Ruhe herstellen 31,6.

abtragen unterschlagen, stehlen 23,11; bezahlen 58,12.

abtreten etwas es aufgeben, fahren lassen 27,2.

adj. (a di) 19. april 1527 39,6. Diese aus dem Italienischen stammende Datierungsart wird von Preu zum ersten Male an dieser Stelle angewandt. Sie ist in kaufmännischen Aufschreibungen dieser Zeit in Augsburg allgemein gang und gäbe (so z. B. im Tagebuch des Lucas Rem, Augsburg 1861, eb. Greiff) und kommt auch in Augsburger Chroniken des XVI. Jhdts., z. B. in der von Rem und von Matthäus Manlich (beide waren Kaufleute), öfter vor. Von 1531 an wird diese Datierung bei Preu bis zum Schlusse die Regel; zu bemerken ist, daß er auch da, wo er keinen bestimmten Tag, sondern nur den Monat angibt, sein 'adj.' setzt.

aftermontag Dienstag 54,4.

ailf elf 50,20. 76,2.

aineck einäugig, monoculus? 52,6.

albeg Abv. stets 41,19.

allermaß — in allermaß durchaus, vollständig 76,11.

als wie 19,14. 20,15-16. 27,15. 29,19. 32,6. 37,20. 40,29. 42,13. 76,19. 77,6; als guet als ebensogut als 29,2.

also Kontinuitiv-Partikel 21,14. 25,17. 29,14. 31,29. 37,1. 39,19. 41,6. 45,3. 49,20. 51,5. 54,11. 56,9. 75,12. 77,7.

also beim Abj. und Abv. 25,[22]. 39,[27]. 76,[9].

also Abv. so (ita) 37,[13]. 40,[9]. 57,[1].

ampt, ambt Amt 19,[6·10]. 60,[7]. 65,[16]. 66,[5].

ander — der ander der zweite 24,[4]. 38,[4].

anderswohe Abv. anderswo 44,[20].

anfahen anfangen 32,[13].

angehenkt beigegeben 76,[3].

angeloben geloben, sich eine bestimmte Zeit an einem bestimmten Ort aufzuhalten 66,[15].

anhalten dem euangelio ihm anhängen, zugetan sein 29,[15].

anhang Begleitung 80,[3].

anlegen sich sich ankleiden 47,[15].

ankumen etwas es bekommen, erlangen 47,[2].

anmueten jemanden einer sache sie ihm zumuten 40,[16].

ansehen — mich sieht eine sache für gut an ich billige sie, finde sie in der Ordnung 56,[3].

ansprechen einen einer rede ihn derenthalben zu Rede stellen 56,[10].

ansteen mit jemandem mit ihm abrechnen 22,[15]. 59,[26].

anzundt angezündet, in Brand gesetzt 39,[19].

arm — die armen in den eisen die Gefangenen 23,[14].

aufbrechen — etwas bricht auf wird offenkundig 21,[23].

aufenthaltung Lebensunterhalt 40,[24].

auffart Himmelfahrt 59,[18]; auffarttag 53,[7]. 65,[2].

auffüren den götsen ein Christusbild in die Höhe ziehen (zur Darstellung der Himmelfahrt) 53,[9].

aufgewinnen mit Gewalt öffnen, aufsprengen 75,[16].

aufhalten jemanden ihn aufrecht erhalten, stützen 65,[4].

aufheben — ein aufheben machen mit jem. einen Streit mit ihm anfangen, hier: ihn überfallen 80,[20].

aufkaufen Vorräte an sich bringen behufs wucherischen Wiederverkaufs 57,[8]. 67,[6·10] (vgl. fürkaufen); anlaufen, erstehen 55,[12].

aufreiten zu jem. zureiten, herbeireiten 47,[3].

aufschlag Preiserhöhung 52,[16]. 67,[8].

aufsetzen vorschreiben 28,[1]; befehlen 58,[9]; aufsetzen jem. ihn aufrechtsetzen 39,[27].

aufstellen jem. (auf den pranger) 48,[15]. 71,[1].

ausfueren einen ihn zur Hinrichtung führen 18,[18]. 19,[13]. 42,[22]; zur Stadt hinausführen 70,[14].

ausgeen — es wäre über ain hoohs ausgangen es hätte einen Vornehmen getroffen, wäre an ihm hängen geblieben 35,[5].

ausgeen hinausgehen (zur Richtstätte) 19,[14]. 23,[23].

auskomen entlassen werden (aus dem Gefängnis) 35,[4]; entfliehen 39,[12].

auspieten ausschaffen, Prät. er pote aus 21,[23]. Vgl. pieten.

ausrichten bestreiten, bezahlen 45,[6].

ausruef Verlesung der Verbrechen eines Übeltäters 32,[20].

ausruefen, ausriefen (Part. ausgerueft, ausgerieft) s. ausruf 32,[15]. 39,[25]. 42,[24]. 70,[16]; jemand wird ausgerueft es werden seine Verbrechen verlesen 55,[7]; ausruefen verkünden, bekanntmachen 26,[7], ein pot (Gebot) 73,[6].

aussenden jem. ihn (aus der Stadt) ausschaffen 20,[2].

ausserhalb der gemain etwas tun ohne ihr Wissen, ohne Einberufung des großen Rates handeln 45,[15].

aussetzen ein ratsmitglied es ausschließen 70,[5]. Vgl. heraussetzen.

aussireitenn. das Ausreiten, Hinausreiten (eines Hochzeitszuges aus der Stadt) 78,[14].

Pachen backen 66, [21-23].

paden eine Babelur gebrauchen 35,[11].

bapatisch, päpstlich gesinnt, katholisch 50,[21]. 61,[6]. 81,[7].

barchanttuech 71,[3].

bas (Comp. zu wol) besser 80,[7]; baser notwendiger 59,[20].

pauen bauen, erbauen 22,[4] einen garten pauen anlegen 65,6. Part. paut 52,[18]. 60,[7]. 66,[10].

paumeister 82,[1] — Ratsherren, die aus bestimmten ihnen zur Verfügung gestellten städtischen Mitteln die Ausgaben für die der Stadt gehörenden Gebäude und Bauanlagen aller Art, dann aber auch für eine Menge anderer Dinge zu bestreiten und auszuzahlen hatten. S. hiezu namentlich Hoffmann, Die Augsburger Baurechnungen von 1320—1331 in der Zeitschr. des hist. Ver. für Schwaben und Nbg., Jahrg. 1878 S. 3.

bauung *f.* der Bau, das Bauen 71,[16].

peck, Plur. pecken Bäcker, z. B. 52,[22]. 53,[4]. 54,[8]. 66,[20].

peckenhaus 30,[20]. 52,[18].

bede belbe 54,[29].

bedorft — man bedorft durfte 25,[22].

begriffen ertappt 67,[10].

beicht gebeichtet (gebeichtet habend) 19,[14].

bekomern jemanden ihn belangen 43,[9].

belegen besetzen 35,[9].

beleiben bleiben 42,[31]. 45,[14]. 81,[5]. Prät. belieb 40,[25], Conj. Präs. beleib 56,[9].

bemien (Part. bemiet) tränken 71,[13].

beratschlachen beratschlagen 76,[4].

perg Berg 81,[16].

pergamen *Adj.* aus Pergamentblättern bestehend 25,[11].

bericht berichtet, mit den Sterbsakramenten versehen 19,[15].

berlen Perlen 78,[16].

beruef Bekanntmachung 54,[9].

beruefen jem. ihn zu sich kommen lassen 32,[17], citieren 37,[18].

beruefen etwas, Part. berueft, bekanntmachen, verkündigen 37,[10].44,[30]. berufen einen verbrecher = ausrufen (s. oben) 42,[22].

bescheissen etwas es besudeln 25,[16].

beschreiben jemands guet es inventarisieren 56,[14].

beschweren jemanden ihn bedrücken, bewuchern 51,[7].

besingnus *f.* Trauergottesdienst, Totenamt 27,[8].

besitzen s. rat.

besteen mieten 54,[6].

bete Gebet, das Beten 20,[13].

bete — er bete bäte 42,[17].

peth *n.* Bett 41,[22·23]; am peth im Bett 34,[16].

betreugt betrügt 74,[8].

betten gebeten 60,[11].

peut s. pieten.

bevelch Befehl 35,[20]. 42,[23]. 76,[3]. 81,[23].

bewegen sich sich empören, unruhig werden 19,[8].

bezigen s. zeihen.

pfeffer *m.* eine mit Pfeffer stark gewürzte Brühe (jus piperatum) 33,[5]. 45,[3]. 51,[3].

pfeffersack (Plur. pfefferseck) volkstümlich für Kaufmann 66,[24].

pferdt berittene Söldner 33,[10·18]. 35,[7].

46,[22]. 49,[19]. 81,[20]. berittene Diener, Knechte 23,[3·4·5·6].

pfligt — man pfligt pflegt 32,[10].

pieten gebieten 36,[1]. 44,[23]. 59,[14]. — Präs. ich peut 21,13; Prät. ich bot, pot 21,[16]. 45,[3]; hinauspieten ausschaffen 78,[5]. hinweckpieten 27,[20].

pieten bieten, anbieten (auf dem Markt), Prät. pot 68,[3].

pild Bild, Kruzifix aus Stein 53,[12·13]; pild in der tafl Reliefwerk 50,[9] S. auch tafel.

bin *f.* (underm dach) Dachboden 53,[10].

birschwagen Jagdwagen 75,[17].

pißle Bißlein, Stückchen 21,[14]; bißle 74,[7].

blagt geplagt 55,[10].

blehen blähen (backen und pauch) 34,[8].

bochen jemanden ihm trotzen, mit ihm zürnen 59,[18].

pochwerck Trutzwerk, Widerspruch (hier das Amtseides mit der Amtsführung) 60,[14].

pogner Armbrustmacher 21,[28].

bot *n.* Gebot 75,[8]. 77,[16], Plur. boten 60,[2]. pot 42,[15]. 52,[7]. 73,[8].

brachmonat Juni 42,[14·20]. 47,[8]. 54,[4]. 66,[13]. 71,[16].

bracht *m.* Pracht, Prunk 51,[13]. 62,[3·6]. 69,[5].

pracht gebracht 49,[6]. 54,[23].

pratns Gebratenes 58,[4].

pratticirt ausgedacht, auf die Bahn gebracht 47,[11].

brauch — einen grossen brauch haben stattlich, großtuerisch auftreten, viel aus sich machen 66,[11].

brauchen meß und cermonia Messe halten und Zeremonien ausüben 76,[5]; hendel Händel treiben, Streiche ausführen 23,[12].

brauchen sich mit jem. mit ihm in Verkehr, in Berührung stehen 20,[11]; brauchen sich solcher stück mit solchen Dingen umgehen 21,[25]. Vgl. gebrauchen.

brauchsam brauchbar, geschickt 23,[10].

predig *f.* 26,[11]. 32,[5]. 44,[22]. 51,[10]; bredigen 25,[22]; brediger 27,[16]. 34,[14]. 80,[3·6]; predighaus 37,[13]. 50,[6·8]. 76,[20].

breng Gepränge 24,[16], preng 69,[24].

prennen jem. ihn verbrennen 44,[18]; durch packen brandmarken 55,[8].

brief amtliches oder sonstiges Schriftstück 18,[5]. 19,[2]; Verschreibung 19,[19];

erber ständiges Beiwort des Rates, z. B. 64,13 neben ersam, z. B. 76,1; als Beiwort bei Personen des Adels und des Patriziats, z. B. 61,14. 63,8; erberlich wie sich gebührt 62,8; erberkeiten ironisch 77,23; in Wirklichkeit will gesagt werden: Aus-gelassenheiten.

erfault verfault 43,15.

ergernus Ärgernis 51,29.

ergetzlichkait Geschenk, Vereh-rung 76,22.

ergreifen betreten, ertappen 74,1.

erhalten etwas es als gegründet er-weisen, aus der hl. Schrift begründen 49,14; etwas durchsetzen 52,9.

erichtag Dienstag 29,21.

erkennen (Part. erkenth) seine An-sicht sagen 56,2.

ernstlich Adj. streng 76,3.

ernstlichen Adv. mit Strenge 36,9.

erschlagen zerschlagen 44,17.

ersetzen — ersetzt werden aller eeren in seine Ehrenrechte und Ehren-stellen wieder eingesetzt werden 38,13.

erst — von ersten zuerst 45,10; zum ersten 28,21. 76,2.

erstockt verstockt 39,2.

ersüchen jemanden ihn in Unter-suchung ziehen, verhören 18,13.

esterich m. ein mit Steinplatten be-legter Boden 43,15.

etwa — etwa oft ziemlich oft 41,12.

etwann manchmal 20,14.

euangelier (ironisch) ein Anhänger des „Evangeliums" 44,14.

Fachten = fochten 29,18.

vahen verhaften 25,18. 27,18.

falckanetle eine Art schwereren Ge-schützes 35,8.

fanen m. 53,2. fannen 65,14.

faren verfahren 25,23. 32,18. 33,4.

vassen — in vassen in Fässern 57,11.

fast Adv. sehr, stark 78,15.

feder — jemandem die feder durch die nasen ziehen ihn zum besten haben, betrügen 53,5. Vgl. nasen.

fel Mangel (an Überzeugung), Zweifel 81,10.

vergweltung Gewalttat 53,20; ver-gweltigen 30,11.

verhanden gegenwärtig, anwesend 72,20.

verhueten verschonen 76,11; bewachen 77,22; vermeiden 42,17. 81,13.

verjach — er verjach gestand 18,16.

verlassen hinterlassen 47,17. 48,1. 63,4. 66,4. Vgl. lassen.

verloffen verlaufen 30,15.

verpaden ein kind: eine Weibsperson hält sich, damit zuhause ihre Schwan-gerschaft verborgen bleibt, so lange in einem Badeort auf, bis das Kind zur Welt gekommen 73,3.

verschießen sich mit reden sei-ner Zunge zu freien Lauf lassen 29,11.

verschmecht verachtet 62,2.

versitzen die stieg sich so auf die Treppen setzen, daß die Stiege ungang-bar wird 20,19.

verstän sich auf etwas es merken 29,17; verstän jem. oder etwas ihn, es durchschauen 52,17. 57,13.

verstandt Erklärung 45,17.

verteidingen kindt (uneheliche) Kin-der unterbringen 21,24.

verwandt sein einer sache daran beteiligt sein 54,10.

verwarlosen versäumen, übersehen 31,10.

veßle Fäßlein 48,1.

vieoh Vieh 19,17. 32,15.

vigalen Fialen 44,8-10.

vigil Totenamt, Jahrtag 27,7.

viltzhuet von den Zunftmeistern ge-tragene Kopfbedeckung; daher Filzhut spottweise gebraucht für Zunftmeister 26,2.

volgen etwas es ausfolgen 56,1.

voran Adv. vor allen, besonders 20,13. 54,17. 72,4.

voraus Adv. besonders 43,11.

forcht fürchtete 19,8. 44,16. 59,13.

vorgeer Führer, Vorgesetzter 48,11.

vorhin Adv. ohnehin 56,3.

fragen einen gefangenen: inquirere 23,14.

fragstuck eine an einen Gefangenen gestellte Frage, ein Fragepunkt 23,15.

freundt Verwandter 78,16.

friemen etwas es bestellen 27,6.

from, frum, frumb wacker 29,13. 56,2; unbescholten, brav 41,19; frome götzen (ironisch) 77,1; die frumen heiligen (ironisch) 44,17.

fuglich passend, erträglich 36,8.

fur und fur fortgesetzt, unablässig 76,22.

furgeen lassen etwas es vorwalten, gelten lassen 44,14.

furgeest, der Vorgeher aller Vor-geher, der, der an der Spitze steht 55,4.

furkauf 53,4. S. furkaufen.

furkaufen etwas es vorweglaufen behufs wucherischen Wiederverkaufs 48,3. Vgl. aufkaufen.

fursetzen vorspannen 81,10.

fursprechen für jemand das Wort führen, ihn vertreten 72,17.

Gab Geschenk 21,24.

gaben schenken 52,12.

gaistlichait f. (ironisch) geistliches Leben, Heiligkeit 20,5.

gar Adv. ganz, vollständig 50,10.

garten m. Versammlung 31,27. 32,6. 33,3.

gartenbrueder 38,14. 40,1.

gassenknecht Scharwächter, Scherge 75,13.

gebatt gebadet 24,19.

geblindert geplündert 77,2.

gebrauchon sich: simulare 20,16; gebrauchen sich einer sache damit umgehen 21,23. Vgl. brauchen.

gedechtnus f. Erinnerung 62,15; Gedächtnistafel an einem Grabmal 45,1.

gedem Lärm, Geschrei, Aufregung 29,5. 31,22. 53,17. Vgl. getuml.

gedencken denken 32,9. 41,7.11.

geessen gegessen 24,12.

gefencknus f. Gefängnis 25,14-15. 28,2. 37,6. 39,10. 69,20.

gehaissen versprochen 42,31.

gein Präp. nach 24,18. 27,10-22. 41,8-12. 59,16. 81,8 (neben gen 49,15); gegen 35,7.

gelaicht s. laichen.

gelaint gelehnt 50,10.

gemach 21,7; gemech Plur. Gemächer 35,16.

gemel Gemälde 76,17, gemäl 77,19.

gemuet Gesinnung 28,4. 34,23. 35,13. 43,8.

gorauen gereut 38,15.

gerecht recht, dexter 28,14.

gericht s. richten.

gesait gesagt 21,3.

geschätzt s. schätzen.

geschunden durch Wucher erworben 48,12.

geschwisterget Geschwister 52,11. 69,1.

getuml Aufregung 61,6. Vgl. gedem.

gewalt, gwalt m. — Bergewaltigung 78,8; Gewalttätigkeit 33,4. 61,8; Macht 33,6. 63,1; in gottes gwalt komen vom Schlage getroffen werden 47,16; getroffen von des herren gwalt 69,10; mit gewalt gar sehr 74,7; um jeden Preis, trotz allem 33,14; gewaltig mächtig 25,24. 32,20. 52,2; eine gewaltige sach 29,7. gewaltigclich unter Anwendung von Gewalt 25,13.

glaidt n. Geleite 24,20. 27,19.

gmain f. die große Masse der Bevölkerung im Gegensatze zum Patriziat, den Reichen und dem Rate 19,8. 25,23. 27,3. 28,17. 46,10. 52,1; der gmain mann 25,18. 45,17. 51,6. 77,11; das gmain volck 34,19.

götzen kirchliche Bilder (Gemälde und Bildhauerwerke) 44,15. 49,21. 50,6. 75,8. 77,16. Götzendienst, Katholizismus 65,3. 76,17; götzenknecht Anhänger des Papsttums 50,5.

greifen zu einer sach sie aufgreifen, sich damit beschäftigen 36,10.

gsatz, gsatz Gesetz, Vorschrift 24,12. 27,5.

gsatzglerter 27,10.

güt willig 27,3; güt sein Bürge, Zeuge sein 48,25; eine sache ist zu gütem komen ist beigelegt worden 31,21.

gwelb n. Gefängnisseuche 39,16-17.

gwurtz Gewürz 21,16.

Harnasch Harnisch 25,26. 30,2.24. 31,3. 36,16.

hausfrau Gattin (die Kaiserin) 20,19; 40,25. 41,5. 51,5; eeweib 41,14.

hausiren von Haus zu Haus gehen 52,23.

hausseß Hausinsasse, Hausbewohner 79,11.

heichlen heucheln 72,13.

heraussetzen einen aus dem rat ihn nicht mehr wählen 34,7. Vgl. aussetzen.

herbstmonat September 55,6.

herdann Adv. hinweg 74,13.

herfurbringen etwas zu einem argen es als Vergehen, Verbrechen anrechnen 29,11.

hergot Hostie 54,5; steinernes Christusbild 53,14. 59,18; hergotznbild 53,8 hergotstain 44,11. Vgl. auch kreuzhergot.

herheben herhalten 57,7.

heumonat Juli 50,1. 66,20.

hinnach Adv. hernach 21,17.

hinweckpoten s. pieten.

hochbrächtigkeit prunkvolles, prahlerisches Auftreten 72,3.

hochmüt — einem etwas zum hochmüt tun damit an einem seinen Hochmut auslassen 35,17.

hofiren mit klugen worten kluge und ſchöne Worte gebrauchen 57,14.

holderlaub Hollerlaub 30,25.

hornung Februar 18,7. 51,8. 61,22. 75,5. 78,16. 79,6·13. 80,5.

hucker Viktualienhändler 23,9. 36,22.

huerisch spurcus 81,15.

Indert Adv. irgendwo; hier: an verſchiedenen Orten, da und dort 37,9.

inſchlit n. Unſchlitt 58,1. 63,2.

item 18,2. — Daß der erſte Abſatz der Chronik mit item beginnt, läßt keinen Schluß darauf zu, ob dieſer den urſprünglichen Anfang derſelben bildete oder Vorhergehendes weggefallen iſt, da das Wort item zu der Zeit, als Preu ſchrieb, in Chroniken ſchon längſt zu einer nichtsſagenden Initialpartikel geworden war und ſogar gewiſſe Gattungen amtlicher Schriftſtücke, z. B. Rechnungen, damit begannen. S. auch Beilage I 87,4.

jagt gejagt 41,4.

jenner ſtets für Januar, z. B. 47,14. 58,25. 62,14. 75,7. 78,1·6; jener 49,5.

jetlicher jeder 18,5. 24,9. 30,1. 37,15. 47,2. 58,8. 75,11.

K s. C.

Ladwerg Eingemachtes 21,9.

laichen mit jem. mit ihm im Einverſtändnis ſein 61,4.

laſſen hinterlaſſen 65,16. Vgl. verlaſſen.

lautbar — es wird lautbar wird bekannt (durch Herumreden) 28,24.

lautmer offenkundig 56,14.

lebzelten, letzelten Lebkuchen 21,16. 68,9. — ſich auf die letzelten verſtän ſeine Sache verſtehen 72,14.

ledig unverheiratet 63,5; ledig werden locker, wackelig werden 43,16. 44,8; ledig machen etwas es lockern 44,9; ledig des aidts 79,11; ledig gezelt werden eines gelöbniſſes 66,18; ledig laſſen jem. 43,8.

legen jem. in die eiſen ihn gefangen ſetzen 57,12. 75,3 (ſ. eiſen); in den ſtock oder ketten 64,12 (ſ. ſtock und ketten).

leibpfening eine lebenslänglich gereichte Gabe in Geld 27,7.

leichen verleihen 65,9.

leit liegt 33,5.

lerman (wohl von allarm) Aufruhr, Aufregung 31,13.

leßmaiſter, Leſemeiſter (eines Kloſters), der den Novizen Vorleſungen hält 29,4.

leuf Zeitverhältniſſe 56,5.

libell Büchlein, Heft 74,8.

lich von leichen vermieten 58,18.

lidlon Arbeitslohn 59,8.

ligen im Gefängnis ſein 18,14. 24,4. 26,4. 35,2. 38,8. 39,13; ligen in eiſen (ſ. auch eiſen) 29,24. 36,24. 39,23. 49,8; inn ligen 54,23.

ligen wohnen 24,15; ligen auf einem ort (von Truppen) 46,23.

ligen laſſen etwas es beruhen laſſen 34,21.

liſt m. dolus 20,13.

luſt m. Neigung, Begierde 23,14.

Machen knecht Söldner anwerben 47,1; volck 47,8; aus den frauen (Kloſterfrauen) landtsknecht die Nonnen durch Landsknecht erſetzen, indem man die Nonnen austrieb und ſtatt ihrer Landsknechte ins Kloſter legte, 77,21; machen einen aufſchlag eine Preiserhöhung veranlaſſen 67,7; machen ein bot ein Gebot 75,8; machen nit lang miſt mit jem. wenig Umſtände mit ihm machen 31,31.

maiſtern jem. ihn gefügig machen, beherrſchen 52,21.

marter Folterung 18,17. 23,15.

martern foltern 18,15·17; quälen 28,13.

maß — in maß ſo, auf dieſe Weiſe 20,4.

mechtig Adv. ſehr 34,11. 70,13; Adj. groß 50,2·22; großmechtig Adv. 51,7.

mcer f. Kunde 21,12; mehr, neue Neuigkeit 58,21.

menſch n. (verächtlich von einer Weibsperſon) 22,1.

meur Mauern 46,2.

micklin Mücklein 32,23.

miet und gab Geſchenke 21,24; Geſchenke zur Beſtechung 60,13.

mißginnung Beeinträchtigung, Schädigung 81,16.

miſt s. machen.

mitſambt, mitſampt Präp. regelmäßig für mit, nebſt 20,11·19. 22,6·8. 30,5. 31,8. 32,2·37,1. 39,29. 44,3·29. 53,9·13. 54,20. 65,10. 76,1·2·14. 77,18. 78,16. 81,11.

mueſs Mus 51,2.

mumeln, mumlen murmeln 25,12; in der Stille sich besprechen 31,27.

Nachgeben einem etwas es ihm nachlassen 54,1.
nachgeend — ein nachgeender Paulus ein Nachfolger des Paulus 51,0.
nahent Adv. nahe 52,3.
nasen — ain nasen machen jem. ihn zum besten haben 57,14; jemanden eine nasen aufsetzen 74,4; jemanden mit einer nasen betrügen 74,8. Vgl. feder.
negste — der negste der Nächste 49,21.
neher billiger 58,1.
nemen sich herdann sich weg machen, sich zurückziehen 74,13.
nichten — für nichten für nichts, umsonst 54,25.
nichtsit nichts 76,6.
notschlange eine Gattung leichten Geschützes 31,12.

Ob Adv. ungefähr (bei Zahlen) 21,28.35,7. 48,13. 59,12.
oder — ain jar oder sechse etwa sechs Jahre 51,12; zwei oder drei tausent gulden zwei bis drei tausend Gulden 51,19.
ofen stain — straffen jem. umb ainen ofen stain um den Betrag, den ein Ofen Ziegelsteine kostete 19,0-10.
offenlich Adv. öffentlich 21,17. 29,25. 37,10-11.
on Präp. ohne (mit Dat.) 65,8.
orden — den orden von sich thon das Ordensgewand ablegen und damit aus dem Orden treten 33,24.

P s. B.

Raisig — raisiger zug Schar von Berittenen 23,3; raisknecht berittener Söldner 32,3; raisiger knecht 19,13.
rat und recht besitzen Mitglied des Rates und des Stadtgerichtes sein 23,11.
recht nemen und geben bei jem. sich dessen Gerichtsbarkeit unterwerfen 77,5.
rechttag Tag der Hinrichtung 19,15. 32,10. 39,20.
reden guts jemandem ihm Gutes nachsagen 51,25.
redt f. Rede, Abstimmung 55,12. 56,1.
redten = redeten 25,18.

regirer Rädelsführer, Wortführer 31,28.
regniren beherrschen 46,7. 51,23.
renmaister — der wucherer renmaister (rentmaister?) 58,16.
reukauf ursprünglich die Summe, die der bezahlt, aus dessen Verschulden ein von ihm mit einem andern abgeschlossenes Geschäft nicht zustande kommt; dann, so auch hier, einfach Reue 38,14.
richten blurichten 19,17. 41,18.
richter Henker, Nachrichter 32,7.
rimpfen uber die achsel sich brechen und wenden 72,14.
rossina de bina wohl Resina de pino Fichtenharz 22,18.
rottiren sich zusammenscharen zu verbotenen Versammlungen 37,0.
rucken — kain rucken haben keinen Schutz haben 67,6.
ruern rühren, bewegen 56,15.
ruewig ruhig 51,27.

Sach s. sehen.
satzung Vertrag, Abkommen 45,24.
saumonat November 67,4.
schaden — jemandem vor schaden sein ihn vor Schaden bewahren 44,3.
schadhaft mit einem körperlichen Gebrechen belastet 69,14.
schaffung Verfügung, Anordnung 76,4.
schanck Schenkung, Geschenk 21,24.
schätzen, schetzen jemanden: aestimare, habere 20,9; schätzen und verleumden 61,7; jemand die Zahlung eines bestimmten Lösegeldes auferlegen 67,8.
schencken (bier) ausschenken, verleitgeben 62,12.
scherben — ain alter, durchlöcherter, durchtriben scherben ein durchtriebenes altes Weib 29,24.
schicken etwas es ins Werk setzen 52,5.
schimpf (ironisch gebraucht) Scherz 38,14.
schlahen erschlagen 39,11; schlagen 28,14. 43,4. 74,2.
schlecht Adj. schlicht, einfach 47,10. 62,5.
schlüssel — die schlüssel suchen seinen Vorteil suchen 46,9. 48,9.
schmatzen schwätzen 72,13.
schmehen verunglimpfen 21,20.
schmirb f. Schmiere 48,5.
schoß f. 51,8.
schrandt f. Schranne 67,10.

schreibstube Comtoir 51,7.
schroffe ungebildeter Mensch, ungehobelter Geselle 34,7.
schub rechtliche Unterlage, Schuldbeweis 18,20.
schweger Plur. Schwäger 68,7.
schweren zu jemandem den Bürgereid leisten 76,12.
schwiger Schwiegermutter 35,1.
seckl m. — der gemain seckl städtisches Kammergut 23,13; straffen jem. im seckl ihn mit einer Geldstrafe belegen 64,16; seckelherr Almosenherr 48,19.
sehen — sechen 49,17; Conj. Pr. er sech 59,23. Prät. man sach 31,24. 58,11. 59,23. 60,4. 71,6.
selb 57,5; selb viert zu viert 44,3.
selbs selbst 37,6. 44,9. 69,15; selbsten 55,7; selber 66,23.
seu Säue 25,4. 67,4-6.
sonder Conj. sondern 72,18. 76,4. 79,10; sunder 69,2.
soverr Conj. sofern 56,4.
spielachsupen Spülichtsuppe 51,2.
spitlmeister Spitalverwalter 18,2.
spitlschreiber 18,4.
sprach — jemandem ain sprach furhalten an ihn eine Ansprache richten 30,7.
stell Sitzplatz in der Kirche, Betstuhl 20,17.
sterk machen jemandem ihn stützen, fördern 25,17.
stillen unterbrüden (einen Aufruhr) 77,9.
stillung machen Ruhe herstellen 46,21.
stock m. Gefängnis 64,12.
stöcken jemanden ihn ins Gefängnis legen 27,13.
strengklich Adv. streng, hart 25,23.
sturm leuten mit der großen Sturmglocke 32,4.
sturmen Sturm läuten 35,10. 77,16.
subtil arglistig 45,17-23.

Tafel, dafel Bild (Gemälde, oder Bildhauerwerk) 78,6; die silberen tafl 61,10; stainene daflen 44,6; pilder in der tafl 50,9.
tandtmeer Geschwätz 26,11.
thiern Türen 75,15.
thum Dom 61,9; thumkirch 81,2.
thun — sie thet ains machte den Versuch, unternahm es 21,7.
thuren, thurn Turm 22,5. 45,4. 50,13. 66,8-26. 83,1; Plur. 31,23.

traidt n. Getreide 35,10. 52,16. 53,3.
trühe Kistchen, tragbarer Schrein 77,1.
trumeter Trompeter 44,29.
trumment Trommel 74,2.

Uberkomen erwerben 66,4.
umbschlagen die Werbetrommel rühren 47,9.
umbziehen herumziehen im Land 39,21.
underhalten, unterhalten sich sich ernähren 27,23; sich aufhalten 33,10.
understeen sich sich unterfangen 20,18. 29,22; understeen sich etwas zu tun 24,22. 39,10; understeen sich einer sache. sie ins Werk setzen 33,13; understeen sich mit etwas 59,3.
unerwarnung — es geschieht etwas unerwarnung jemands ohne ihn zu warnen 32,9.
unerzaigt aller eren ohne irgendwelche Ehrenbezeigungen 35,12.
unfletig häßlich, abstoßend 75,17.
ungelt städtischer Aufschlag auf Lebensmittel, Getränke und Fabrikationsartikel, indirekte Steuer. (S. hiezu besonders Frensdorf, Beil. III im I. Bande der Augsburger Chroniken und Riezler, Gesch. Bayerns, Bd. III S. 735 mit Anm.) 51,21. 76,12. 77,6.
ungessen, untruncken ohne gegessen, getrunken zu haben 19,15. 20,4.
ungeweicht ungeweiht 25,6.
ungsengnet ohne mit den Sterbsakramenten versehen zu sein 69,9.
unstellig — unstellig sein dem andern im Wege stehen 31,7.
unverruckt irs gemuets ohne Änderung ihrer Gesinnung 43,8.
unwillig Abscheu, Ekel, Würgen in der Kehle empfindend 20,16.
unwissenhaft dem volck ohne daß das Volk es wußte 32,1.
urstendt f. Auferstehung 63,6.

V s. F.

Wag Folter 23,16.
wann Conj. wenn 52,21. 57,6. 58,4. 66,23.
wann Conj. denn 25,24-29. 28,7. 29,17. 33,6. 35,18. 36,10. 39,1. 42,17-27. 48,3. 51,12. 60,13. 64,14. 77,4.
wapen 65,13.
warent waren 34,6. 36,15.

was ziemlich häufig für war (erat) z. B. 18,2·3·18·20. 20,3. 21,27. 39,10. 47,6. 51,14. 52,14. 54,12. 58,11. 62,6. 73,6.

wegler? 36,21. Soll wohl heißen schwegler (tibicen), da Salminger, von dem hier die Rede ist, später als Stadtpfeifer angestellt wurde.

weichwasser Weihwasser 25,3;

weichprunnen Weihwasserkessel 25,5.

weinkandlen Weinkannen 77,22.

weinmonat Oktober 55,11. 67,1.

weld — Plur. von wald 41,13; lust-weld Parke 42,6.

wenet wähnte, meinte 46,10.

wer, weer Conj. zu war (essem) 22,1. 30,13. 36,14. 37,11·12. 47,5. 76,4.

wer = werde 45,19.

weren verbieten 45,20.

weren bauern 36,11. 74,2.

weßt, west wußte 29,17. 30,29. 31,1·6. 72,8. 73,1; wüßte 26,9. 54,16.

widerchrist Feind des „Evangeliums" 44,20.

widersagen widerrufen 37,12.

widerwillen feindselige Gesinnung 54,8; Feindseligkeit, Widerspruch 69,22; feindselige Absicht 81,21.

wintermonat November 68,8, Dezember 57,3.

wischen (Prät. man wuscht) herfur mit der sprach mit der Sprache herausrücken 34,25.

wittibe 48,15; wittfrau 63,4.

wort — machen ain wort von jem. über ihn ein Gerücht in Umlauf setzen 34,14.

wullen — wullen beclaidt mit grobem Wollengewand angethan 20,20.

wurfel — die wurfl waren gelegt 51,29.

Zaichen Kontrollzeichen 71,4·5; Brandmarkung 71,6.

zechmaister Kirchenpfleger 53,11.

zeihen jem. mit etwas ihn einer Sache beschuldigen 18,4·11; Prät. sic zichendt 18,4; Part. bezigen 18,10.

zenichten werden 47,7.

zenne Zähne 25,10. 44,21.

zerfellen zertrümmern 44,17.

zerrunnen zu Ende gegangen 51,3.

zeug Material 22,11. 72,1.

zimer (Frauenzimmer) weiblicher Hofstaat 20,10.

zimmerwerck Zimmermannsarbeit 55,5; zimerman 44,1. 45,4·5; zimerleute 76,15.

zoblnfutter Zobelpelz als Gewandfutter 78,19.

zucken jem. etwas es ihm entreißen 25,8; heraus zucken 25,10.

zugesell Kooperator 54,12; Amtsgenosse 58,28.

zun = zu den (Dat. Plur.) 26,8. 28,18. 29,26. 35,15. 43,14. 51,18. 69,2.

zunftig zur Zunft gehörig 66,23.

züreden jemandem ihn zu Rede stellen, mit Worten antasten 26,10.

zuvoran vor allen, besonders 34,7. 75,18.

zuwachen außerordentliche Wachen neben den gewöhnlichen 31,16·23.

zwachen waschen 61,3.

zwaintzig 22,16. 75,13; der zwainzigist 44,28.

zwelfpoten tag Aposteltag 20,14.

zwen, zween (beim Masc.) 22,12. 32,19. 37,5. 39,5·8. 49,12. 50,8. 72,8; zwu (beim Fem.) 44,6. 47,17. 71,9.

zwuschen (Präp. mit dem Dat.) zwischen 30,22. 31,32. 35,7. 41,10. 45,8. 58,28. 69,8.

Personenverzeichnis
zum Text der Chronik.

Ortsverzeichnis
zum Text der Chronik.

Druck von Breitkopf und Härtel in Leipzig.